改訂版

IPOは野村にきいてみよう。

Initial Public Offering

野村證券 公開引受部 編

ダイヤモンド社

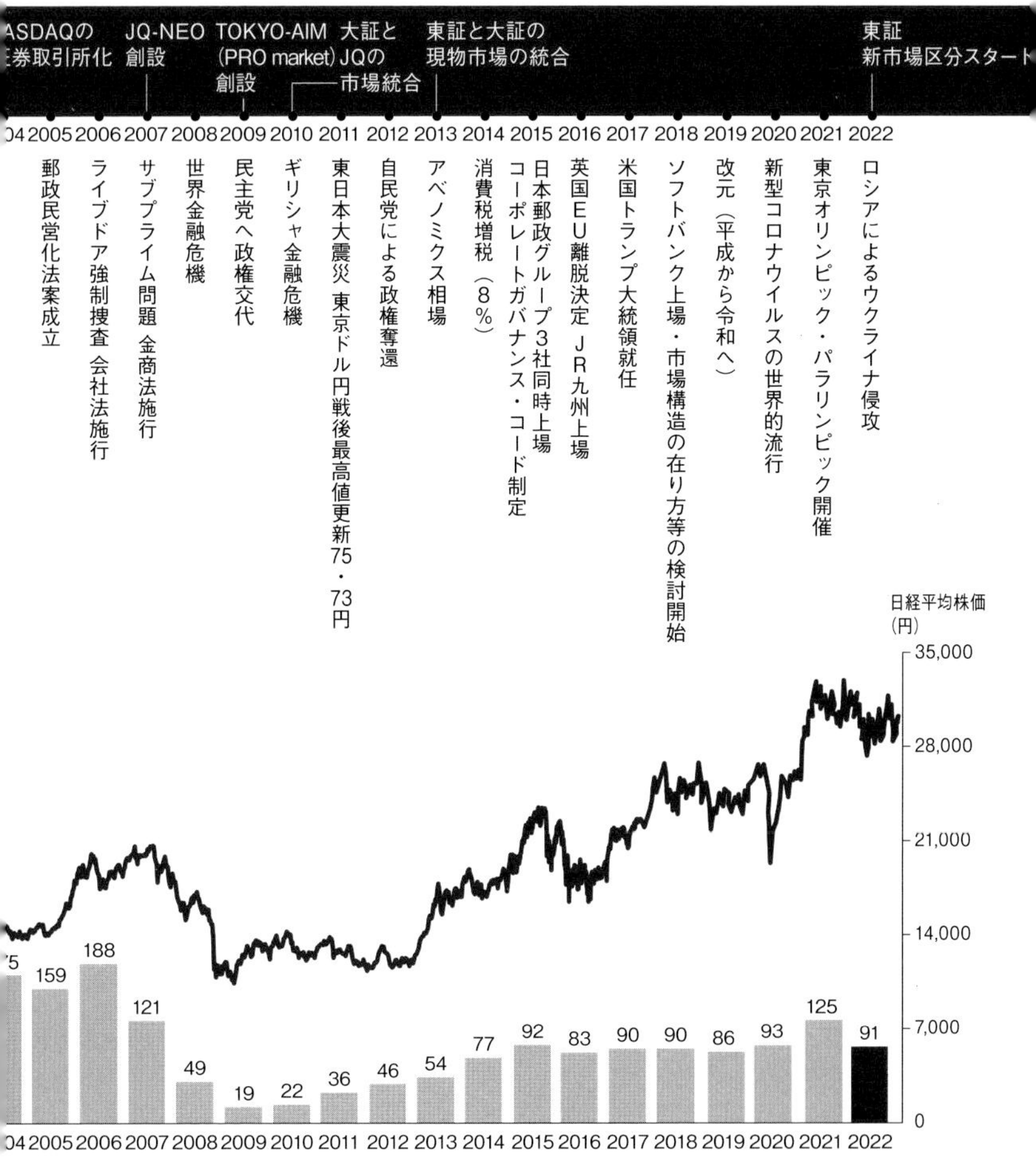

ASDAQの
券取引所化
JQ-NEO
創設
TOKYO-AIM
(PRO market)
創設
大証と
JQの
市場統合
東証と大証の
現物市場の統合
東証
新市場区分スタート
04 2005 2006 2007 2008 2009 2010 2011 2012 2013 2014 2015 2016 2017 2018 2019 2020 2021 2022
郵政民営化法案成立
ライブドア強制捜査 会社法施行
サブプライム問題 金商法施行
世界金融危機
民主党へ政権交代
ギリシャ金融危機
東日本大震災 東京ドル円戦後最高値更新75・73円
自民党による政権奪還
アベノミクス相場
消費税増税（8％）
日本郵政グループ3社同時上場
コーポレートガバナンス・コード制定
英国EU離脱決定 JR九州上場
米国トランプ大統領就任
ソフトバンク上場・市場構造の在り方等の検討開始
改元（平成から令和へ）
新型コロナウイルスの世界的流行
東京オリンピック・パラリンピック開催
ロシアによるウクライナ侵攻
日経平均株価
(円)
35,000
28,000
21,000
14,000
7,000
0
75
159
188
121
49
19
22
36
46
54
77
92
83
90
90
86
93
125
91
04 2005 2006 2007 2008 2009 2010 2011 2012 2013 2014 2015 2016 2017 2018 2019 2020 2021 2022

新規上場会社数の推移

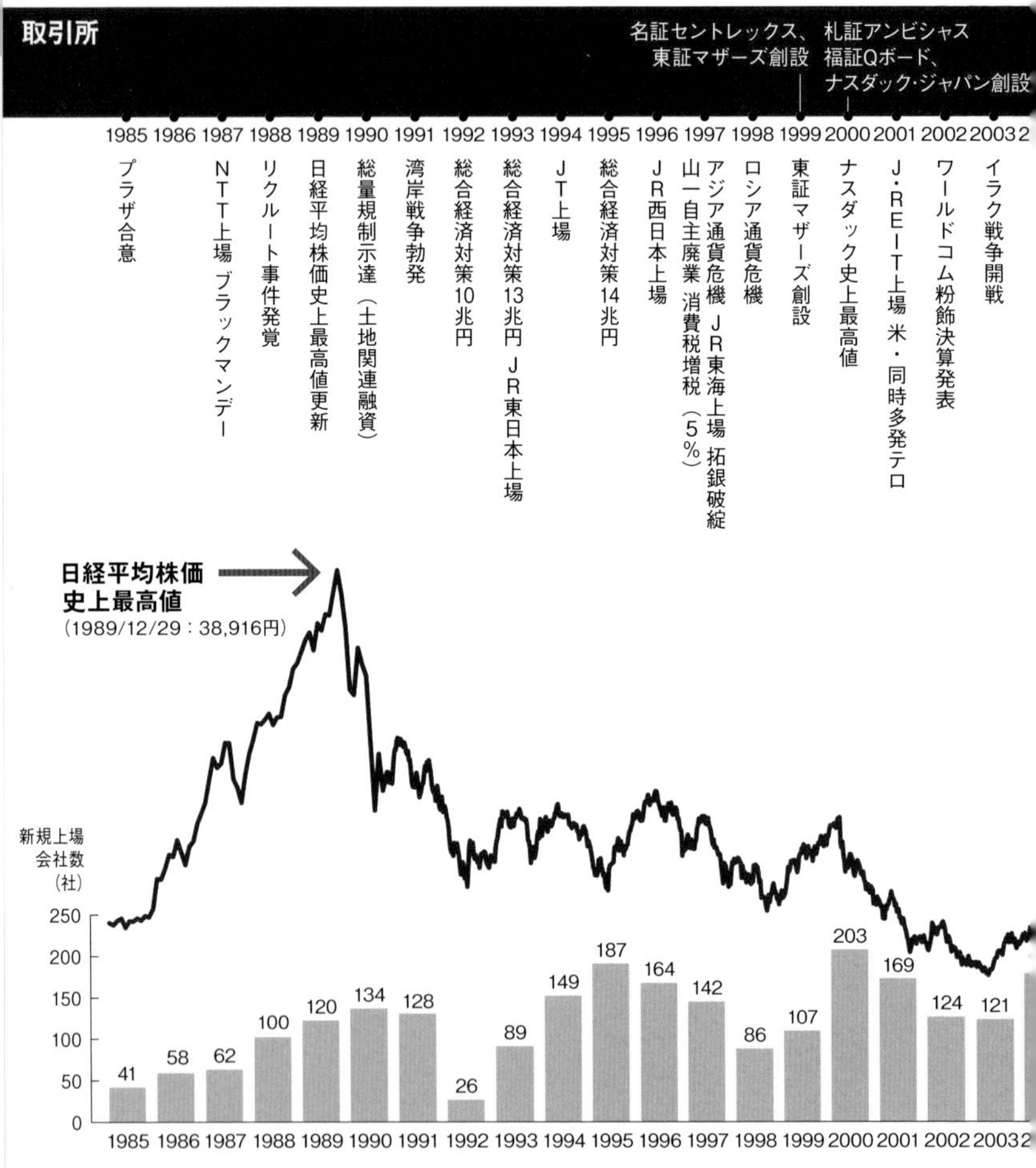

（注1）TOKYO PRO Market（旧TOKYO AIMも含む）の新規上場会社は含まれない
（注2）2022年12月末現在
（出所）日本取引所グループ等各金融商品取引所のウェブサイトをもとに野村證券作成

改訂にあたって

本書は、未上場企業の経営者や、これから起業したいと考えている方々に、ＩＰＯ（Initial Public Offering ＝株式上場）に関する基礎知識や考え方などについてお伝えしたいとの思いから企画し、２０１８年1月に出版いたしました。

本書では、わたしたち主幹事証券会社の目線だけでなく、実際に上場されたさまざまな業種の経営者や実務担当の方々へのインタビューも織り交ぜ、上場を決断されたきっかけや上場準備実務、ＩＰＯを通過点にしたさらなる成長事例などを幅広く紹介しています。

初版出版当時は、年間のＩＰＯ社数がリーマンショック後の20～30社という時代を終え、年間80社前後まで増加する状況にありました。アベノミクスによる株式市況と景気の回復や、革新的なテクノロジー、斬新なビジネスモデルを有する新興企業に対するベンチャーキャピタル（以下、ＶＣ）等による投資が活発化しはじめたことで、ＩＰＯニーズが一層高まりを見せました。

出版から5年の月日を経る間に、年間のＩＰＯ社数は１００社前後にまで拡大し、東京証券取引所における市場区分の見直しも行なわれました（２０２２年4月に、それまでの市場第一部・市場第二部・ＪＡＳＤＡＱ・マザーズから、プライム・スタンダード・グロースに再編され、新規上場基準についても見直されました）。

ＶＣ等による未上場企業への投資件数・投資金額は急速に拡大し、政府がスタートアップ支援を国策に掲げるなど、新興企業を取り巻く環境が大きく変化するなか、新興企業の人材の層も厚くなり、ＩＰＯ実務の体験談やノウハウの共有なども活発に行なわれるようになっています。また、足元では、日本証券業協会におけるワーキング・グループを経てＩＰＯにおける公開価格の設定プロセスをよりよいものへと見直していくための取り組みを進めています。わたくしも当該ワーキング・グループに参画し、その実現に向けて、証券界一丸となって進めております。

一連の改善により、資本市場におけるリスクマネーを活用して事業成長を目指す新規上場会社が、これまで以上に納得感をもってＩＰＯプロセスを進めることができる環境が整備されております。

なお、本書の改訂にあたっては、これらの変更点を反映しておりますが、初版出版にあたってインタビューにご協力いただいたお客さまの声は、IPOを目指す経営者の皆さまにとりましても道標ともなるような示唆に富む内容が多く含まれていることから、取材当時のままご紹介しています［初版出版にあたっては、第一生命ホールディングス㈱渡邉光一郎代表取締役会長、㈱M&Aキャピタルパートナーズ中村悟代表取締役社長、㈱じげん平尾丈代表取締役社長、弁護士ドットコム㈱杉山慎一郎顧問、㈱Gunosy福島良典代表取締役最高経営責任者、同社・伊藤光茂取締役最高財務責任者、フリュー㈱三嶋隆専務取締役、㈱LITALICO長谷川敦弥代表取締役社長、同社・坂本祥二取締役、㈱ティーケーピー河野貴輝代表取締役社長、同社・中村幸司COO（上場日順）、および㈱東京証券取引所・小沼泰之取締役常務執行役員（いずれも取材時）をはじめ、多くの関係者の皆さまにご協力をいただきました。役職等については、一部注記してご紹介をさせていただいております］。

わたしたち野村證券は、IPO支援を通じて、企業の成長への挑戦をサポートし、その挑戦が社会にもたらす変化が、わが国の社会・経済全体を豊かにすると信じ、全力で取り組んでおります。

ぜひ、本書をご一読いただき、ＩＰＯに関する理解を深めていただくだけではなく、金融資本市場を通じて、真に豊かな社会の創造に貢献する社会的使命を将来にわたって担うわたしたちのチャレンジ・スピリットについても、ご理解を賜れると幸いです。

野村證券執行役員インベストメント・バンキング・プロダクト担当
村上　朋久

目次

IPOは野村にきいてみよう。【改訂版】

第2章

IPOまでのスケジュールとやるべきこと

第3章

ケーススタディ

経験してみてわかったIPO

第4章 IPOは「ゴール」ではなく「スタート」である

ＩＰＯ後に大きく成長した企業のサクセスストーリー ―― 156

第1章

なぜ経営者は株式上場を目指すのか？

──最新のＩＰＯ事情

ＩＰＯを実現したベンチャー企業の経営者たちが明かす成長のための「覚悟」と「決断」

◉どんな会社にもチャンスはある

「自ら会社を立ち上げた経営者のなかで、一度たりともＩＰＯを考えたことのない人間はいないはず。ＩＰＯは会社を成長させるための通過点にすぎないけれど、重要なステップであり、経営者にとって大きな〝夢〟のひとつであることには間違いありません」

これは、わたしたち野村證券がＩＰＯをお手伝いした、あるベンチャー企業の創業者の言葉です。

いま日本では、年間１００社程度の企業がＩＰＯしています。現物株取引市場で国内シェア９割以上を占める東京証券取引所の上場会社数は約３８００社ですから、年間２〜３％ずつのペースで新しい上場企業が産声を上げているのです。

もっとも、日本の企業総数（個人事業主を含む）は約３６７万社（出所「令和３年経済センサス基礎調査速報集計」総務省統計局）ですから、約３８００社という数は、文字どおり「ほんのひと握り」にすぎません。そう考えると、ＩＰＯできるのは、選びに選び抜かれたごく一部の優良企業、〝エリート中のエリート企業〟だけだと思い込んでしまう人も多いのではないでしょうか。

これまでわたしたちは、民営化によるＩＰＯ、日本を代表する未上場企業のＩＰＯ、投資ファンドの投資先のＩＰＯなど、大規模なＩＰＯ案件を数多くサポートしてきており、そのことから「野村證券は、大きな会社しか相手にしてくれないのではないか？」と聞かれることもしばしばあります。

しかし、決してそんなことはありません。

わたしたちはこれまで、ＩＰＯの準備に着手した時点では社員数が10名にも満たなかった会社や、年間売上高が1億円に満たないような企業、会社設立から間もないスタートアップ企業などのＩＰＯも数多くお手伝いしてきました。

強い信念を持って経営に臨み、中長期にわたる明確な成長ストーリーを描いている会社で、そのためのステップとしてＩＰＯを果たし、資金調達や、知名度・信用力などの獲得を本気で目指している会社であれば、その想いをかなえるために、全力でお手伝いをさせていただいています。

ここでは、わたしたちが実際にＩＰＯをお手伝いしたお客さまのなかから、いくつかの事例を紹介させていただきます（編者注：以降にご紹介するお客さま、並びに業績等の情報は、初版出版時点のものです。また、2022年4月に東京証券取引所において市場区分の見直しが行なわれましたが、本文は、見直し前の旧市場区分にて記載しております)。

◉マンションの一室から始まったGunosyの躍進

最初にご紹介するのは、TVコマーシャルなどですっかりおなじみになった情報キュレーションサービス「グノシー」を提供する株式会社Gunosyの事例です。

Gunosyがサービスを開始したのは、2012年11月。当時、東京大学の大学院でAI(人工知能)を研究していた創業者の福島良典氏[取材時・Gunosy代表取締役最高経営責任者(CEO)]を含む大学院生3名が、その研究成果をもとに開発した、まったく新しい情報キュレーションサービスです。

「従来のインターネットによる情報配信サービスでは、ニュースサイトやブログなどの各種Webメディアが発信する情報を集め、人(編集者)の判断に基づいて掲載する内容を取捨選択するのが一般的でした。これに対し『グノシー』は、掲載内容を人ではなく、独自のアルゴリズムで判断するのが最大の違いです。ユーザーごとに興味のある記事や情報は異なるので、すべての読者に同じコンテンツを配信しても、それぞれの読者が本当に求めている情報が届くとは限りません。そこで、ユーザーごとにどんな記事や情報に興味・

関心を持っているのかをＡＩが学習し、膨大な情報群のなかから最適なものを提供してくれるアプリがあったら面白いのではないかと考えてサービスを開発しました」（福島氏）

アプリは仲間内で評判を集め、「面白い」という人がどんどん増えて、会員数はまたたく間に数万人に達しました。

２０１２年に、福島氏は大学院を修了しました。そのまま企業に就職する予定でしたが、「これほど多くの人に使われているアプリを終わらせてしまっていいのか？」（福島氏）という思いが強くなりました。そこで自ら会社を立ち上げ、サービスを続けることにしたのです。

株式会社 Gunosy
福島良典
取材時・代表取締役最高経営責任者（CEO）

こうしてＧｕｎｏｓｙは、２０１２年11月に法人化されました。オフィスはマンションの一室、創業メンバーはわずか3名という小さな船出でした。「会社というよりも、研究室の延長のような雰囲気でした」と、福島氏は会社設立当時を振り返ります。

しかし、それからわずか2年半後の2015年4月28日、Gunosyは東京証券取引所マザーズ市場（以下、東証マザーズ）に上場します。創業から2年半というのは株式上場としてはかなり異例の速さです。

「創業当初から、いつかは成長のための通過点として株式上場をしなければならないと考えていました。それをわずか2年余りという短期間で実現したのは、早くからIPOを目指したことに加え、事業が急成長していたこと、そして野村證券さんから熱心なサポートを受けられたことが非常に大きかったと思っています」（福島氏）

福島氏が語るように、Gunosyのビジネスは会社設立後、破竹の勢いで急成長しました。設立から2年足らずの2014年8月には、「グノシー」の累計ダウンロード数が500万を突破しました。それから1年も経たない2015年6月には1000万ダウンロードを突破と、ユーザー数はまたたく間に急増しました。

これほど爆発的にユーザー数が増えたのには、もちろん理由があります。2014年3月に「グノシー」のTVコマーシャルを開始したことで認知度が格段にアップし、「アプリを使ってみたい」と思う人が一気に増えたのです。

「グノシー」は、ニュースやブログなどの情報と一緒に配信する広告を主な収益源としています。いわば、テレビや雑誌と同じ広告媒体のひとつですが、こうした広告媒体が、より多くの広告主から数多くの広告を出稿してもらうためには、読者の数を増やさなければなりません。とくに「グノシー」のように誕生したばかりの広告媒体にとっては、なるべく短期間で多くの読者（ユーザー）を獲得することが大切です。

「ＴＶコマーシャルを流すには、もちろんそれなりの費用がかかります。会社設立から間もない時点では、『グノシー』の認知度はそれほど高くなく、広告収入も限られていたので、ＴＶコマーシャルに莫大な費用を投じれば大赤字になることは必至でした。それでも、会社を１日でも早く成長軌道に乗せるためには、できるだけ多くのユーザーを獲得する大々的なマーケティング活動をする必要があったのです」（福島氏）

ＴＶコマーシャルによる認知度アップは、Ｇｕｎｏｓｙが早く成長を遂げるために避けて通れない、いわば先行投資だったわけです。

早期の株式上場を目指したのも、認知度をさらに高めるためにＴＶコマーシャルを継続すべく、多額の資金を調達するのが最大の狙いでした。

伊藤光茂氏［取材時・取締役最高財務責任者（ＣＦＯ）］は、「当社は上場する前にも、ＴＶコマーシャルを放映するため50億円ほどの資金を調達したことがありました。しかし、継続的にコマーシャルを放映するとなると、数百億円単位の追加資金がどうしても必要です。それほどの大きな資金をなるべく低コストで調達するためには、やはり株式を上場する以外に選択肢はないと考えたのです」と語ります。

ＩＰＯの最大のメリットは、まとまった資金を一度に調達し、その後も継続的に調達（増資）できるチャンスが得られる点にあると言えます。Ｇｕｎｏｓｙはそのメリットをフルに生かして、成長への道筋を切り拓こうとしたのです。

実際のところＧｕｎｏｓｙは、上場の前年度（２０１４年5月期）に13億円余りの経常損失を計上するなど、ＴＶコマーシャルの費用があまりにも重く、目先の収益だけを見ると、とても採算が合わないビジネスを実践しているようにも見えました。

しかし、先行投資によってユーザー数を増やし、収益基盤を大きくしていくというＧｕｎｏｓｙの成長ストーリーは非常に明確であり、そのために上場して資金調達をするのだという戦略も非常に理にかなっていました。

わたしたち野村證券は、それらの点に着目し、成長ストーリーのブラッシュアップや、厳格な予算・実績管理（予実管理）の実施といったアドバイスを提供することで、Ｇｕｎｏｓｙが目標としていた早期のＩＰＯ実現をお手伝いさせていただいたのです。

ＩＰＯ時の公開価格は1株１５２０円、上場時の初値も同じ１５２０円となり、Ｇｕｎ

ｏｓｙは晴れて時価総額約３００億円の上場企業となりました。
ＴＶコマーシャルを継続した効果もあって、「グノシー」の累計ダウンロード数は２０１７年10月末時点で２０００万に到達。売上高と営業利益は２０１７年5月期まで3期連続増収・増益と快進撃を果たしています。マンションの一室から始まった小さな会社も、社員数が１００名を超える企業になりました。

　このように、いまでこそ順調に成長を続けているＧｕｎｏｓｙですが、「上場直後に、思わぬ試練も経験しました」と福島氏は明かします。

　じつはＧｕｎｏｓｙは、上場直後は業績予想を大幅に上方修正したものの、上場翌期には下方修正をしています。その結果、初値で１５２０円をつけたＧｕｎｏｓｙ株は、半年余りで約4分の1の３８０円台まで急落。その後、株価は大きく反発し、２０１７年9月上旬時点では初値の2倍強の３５００円台まで上昇しましたが、一時は市場から見放されたのではないかと思われるほど、Ｇｕｎｏｓｙ株は大きく売り込まれました。

　株価下落の原因となった業績の下方修正は、株式上場と前後して、社員が急増したことで、経営陣と社員の間の意思疎通がうまくいかなくなったことによるものでした。

　Ｇｕｎｏｓｙは上場準備において、証券取引所による審査基準を満たすため、四半期ごとや、月次、日次ベースの予実（予算・実績）を厳格に管理する仕組みを採り入れました。

売上などの実績が予算をきちんとクリアしているかどうかを把握し、予算に満たない場合は原因を徹底究明して、達成させるための施策を打つというのは、上場企業に課せられた〝義務〟のようなものです。

なぜなら、これをいい加減にすると企業業績は不安定化し、それに伴って株価が大きく変動すると、投資家が不利益を被る可能性が高まるからです。

しかしその半面、「短期の実績を予算どおりに達成させようと、本来なら長期的な成長戦略のために温存すべき経営資源（ヒト・モノ・カネなど）の先行投入を優先してしまい、長期戦略が立たなくなるだけでなく、現場に過度なプレッシャーを与えてしまうというデメリットもあります。上場前後の当社がまさにそうでした。足元の業績を固めることに必死になり、『自分たちの会社はどこに向かっていくのか？』という未来が見えなくなって、辞めていく社員が続出したのです」（福島氏）。

福島氏をはじめとするＧｕｎｏｓｙの経営陣は、この反省を踏まえ、短期的な予実管理を厳格に実行するだけでなく、より明確に長期的なビジョンを定め、社員の皆さんとしっかり共有しながら経営を進めていく方向に舵を切ったそうです。

その結果、社員の方々は働きがいを感じながら仕事に取り組み、業績も右肩上がりで伸びるようになりました。

一方、四半期ごとの決算発表が義務づけられている上場企業では、経営者も短期的な目標達成へのプレッシャーにさらされやすいとよく言われますが、福島氏は「正直、あまり実感がない」と言います。

「株主さまからの要求にお応えすることで、経営の自由度が下がるのではないかと言われることもありますが、短期・長期にかかわらず、経営者が業績に責任を負わなければならないのは、たとえ未上場企業であっても同じことです。むしろ、厳しい目にさらされているからこそしっかりと成果をあげ、株主さまだけでなく、ステークホルダーの皆さまに満足してもらおうという気持ちが強くなりました」(福島氏)

また福島氏は、上場企業のトップになったことで、「会社を率いる者としての責任も痛切に感じるようになった」とも言います。

「上場準備の過程では、ある程度まとまった社員数になっても、経営者による意思決定がしっかりと浸透するような組織をつくることができました。大学のサークルの延長のような会社だったとは思えないほど、しっかりとした組織ができあがったのですから、経営者であるわたし自身も、組織の力を最大化できるように責任と覚悟を持って臨まなければならないと思っています」(福島氏)

福島氏は、Ｇｕｎｏｓｙの今後のビジネスについて、「現在の『グノシー』のサービスだけにとどまらず、当社の強みであるデータとアルゴリズムなどのテクノロジーを駆使しながら、人々の情報格差をなくしていけるようなサービスを幅広く提供していきたい」と語ります。

具体的な新サービスのひとつとして、すでに動き出しているのが、ＫＤＤＩとの提携で２０１６年6月に提供を開始したニュース配信アプリ「ニュースパス」です。

これは、ＫＤＤＩとＧｕｎｏｓｙが共同で提供する情報解析・配信技術を使って、自動的に選定したニュースや情報をスマートフォンユーザー向けに提供するアプリで、ＴＶコマーシャルやローソン、ａｕとのタイアップにより、リリースから9か月で累計２５２万ダウンロードを突破するほどの人気アプリとなりました。

福島氏は、「上場には、企業としての信用力が向上するというメリットもありますが、当社がＫＤＤＩのような大手通信会社と提携を結ぶことができたのも、まさにその効果だと思っています。今後も、上場企業としての優位性を存分に発揮しながら、ビジネスを大きくしていきたいですね」と語ります(２０１７年12月21日に東証一部に市場区分を変更)。

◉自由な意思決定と引き換えに成長への道を切り拓いたＴＫＰ

もうひとつの事例は、貸会議室などの「空間シェアリングビジネス」という、いままでにない斬新なビジネスモデルで急成長を遂げ、２０１７年3月に東証マザーズに上場した株式会社ティーケーピー（以下、ＴＫＰ）です。

都内を歩き回ることの多いビジネスパーソンの方なら、ここ数年、ビルの入り口や看板などに「ＴＫＰ」と書かれた赤いマークを見かけるようになったと感じる人が多いのではないでしょうか。札幌や名古屋、大阪、福岡など、地方に行ってもよく目にします。

ＴＫＰは２００５年8月に誕生した比較的若い会社ですが、その後10年余りで全国に展開した貸会議室は、じつに国内外１８００室、13万席（２０１７年9月時点）に上ります。

海外では米国やアジアで貸会議室を展開し、国内では貸会議室のほかに、貸セミナー会場や貸イベント会場、企業の研修施設兼宿泊施設なども運営しています。

このように、いまでこそ国内外で大規模な事業ネットワークを展開しているＴＫＰですが、その始まりは、取り壊しが決まっていたビルのたった2フロアでした。

創業者でＴＫＰ代表取締役社長の河野貴輝氏は２００５年、六本木にある古い3階建てのビルの2フロアを借り、会議室として貸し出すビジネスを始めました。

「それまで勤めていた大手商社を辞め、『不動産の有効活用』をビジネスとする会社を自分で立ち上げようと思っていた矢先に、最初の物件に出合いました。3階建てのうち、1階のレストランだけが営業していて、2階から上は真っ暗でした。オーナーに連絡を取ってみると、『1階のレストランが立ち退くまで取り壊しができない。それまで2階と3階を使ってもらえないだろうか』と持ちかけられました。そこで、相場よりも安く借り、会議室として時間貸しすれば、ビジネスとして成り立つのではないかと思い立ったのです。まったくの偶然から生まれたビジネスですが、これが現在、当社が展開する『空間シェアリングビジネス』の原点になりました」（河野社長）

同じように、使われないまま無駄になっている建物やフロアは全国各地にあります。「それを借りて貸会議室などとして活用すれば、自社だけでなくビルオーナーにもメリットがあり、地域の活性化にもつながるはず。高い成長性を備えているだけでなく、社会的意義も大きなビジネスになる」と河野社長は確信したと言います。

それからわずか10年余りで、TKPは急成長し、上場直前の2017年2月期には、売上高が200億円を超えました。その原動力となったのは、河野社長の成長に対する飽くなき欲求と、強力なリーダーシップです。

「サラリーマンの時代から、たとえ大きなリスクを背負ってでも、成長の可能性があれば果敢に挑むことを信条としてきました。目の前で起こっていることを冷静かつ客観的に分析し、新たなビジネスのプランを思いついたら、即座に行動に移す。判断と行動の速さが、貸会議室といういままでにないビジネスを生み、その後もビジネス領域をどんどん広げながらＴＫＰが成長を遂げる力となったのです」（河野社長）

たとえばＴＫＰは、２０１５年に、企業の研修施設と一般向けの観光ホテルの機能を併せ持ったハイブリッド型旅館「石のや 伊豆長岡」（静岡県伊豆の国市）の運営を開始していますが、これも河野社長が実際に旅館を利用し、一般客向けの商売だけでは成り立ちにくい経営を、企業の研修ニーズを取り込むことによって採算化させるというアイデアがひらめいたことが原点だったと言います。

株式会社ティーケーピー
河野貴輝
代表取締役社長

ＴＫＰという社名は、「Total Kūkan Produce」（トータル空間プロデュース）の略ですが、「創業したばかりのころは『Takateru Kawano Partners』（河野貴輝と仲間たち）だった」（河野社長）と言うように、「わたしにとっては、会社イコール自分。河野貴輝という一代目社長の時代に、会社をどこまで成長させられるかが最重要テーマだと考えながら、会社を引っ張り続けてきた」のだそうです。

そんな河野社長にとって、株式上場は「いずれ実現しなければならないけれど、非常に決断しにくい課題であった」とのことです。

なぜなら、「未上場のままなら、いままでどおり自由で機動的な意思決定ができるけれど、上場企業は株主の意向や利益を考えながら経営をしなければなりません。多額の資金が調達できるメリットと引き換えに、経営の自由が奪われ、成長が妨げられてしまうのではないかという懸念が強かったのです」と河野社長は明かします。

ＴＫＰは、２０１０年にニューヨークで最初の貸会議室を開設して以来、現在ではシンガポール、香港、台湾、ミャンマー、マレーシアなどで貸会議室事業を展開しています。今後も進出先を広げ、貸会議室に限らず、さまざまな空間のシェアリングサービスをグローバルに展開していくのが同社の成長戦略の柱です。

「無駄に空いたままになっている空間をシェアリングによって再生し、活用するというビジネスモデルは、どんな国でも受け入れられるはず。成長のチャンスはグローバルに広がっている」と河野社長は言います。

しかし、ニューヨークで貸会議室用の物件を探している時に、未上場企業であることが理由で、ビルオーナーから契約の申し入れを断られた経験が何度かありました。

すでに国内ではかなりの知名度を持っているTKPですが、残念ながら、いまのところ海外ではまったく知られていないと言っても過言ではありません。この経験から、「海外事業を成長させるためには、株式上場を果たして信用力やブランド力をつけることが絶対に必要だ」（河野社長）と痛感したのだそうです。

もちろん、海外事業を拡大させるためには、これまで以上に多額の資金も必要です。

「すでに国内では、事業拡大によって売上高200億円規模の企業に成長していましたが、このままではいずれ成長にも限界が訪れると思いました。海外事業を拡大させて、次の成長ステージを駆け上がるには、株式上場によって『信用力、資金調達力、ブランド力』という〝3つの武器〟を手に入れなければならないと確信しました」（河野社長）

じつは、河野社長が株式上場を決断したのには、もうひとつの理由がありました。決断を下したのは上場の約10か月前の2016年5月のことですが、このころTKPは、ある企業から買収提案を受けていたのです。

買収を持ちかけてきた企業は、「ＴＫＰはすでにかなり成長しているので、売ってもらえれば河野氏には十分なお金が入ります。もう働かなくてもいいのではありませんか」と提案してきたそうです。

しかし河野社長は、「お金がほしいから働いてきたのではない。どうやったら会社を成長させられるか。それも自分一代限りではなく、できるだけ長く成長させて、空間再生というまったく新しいビジネスを、世界に通用するビジネスにしたいと考えながら経営に取り組んできたのだ」と強く反発しました。

このことが河野社長の経営者魂に火をつけ、「買収したいと言ってきた会社が、今後、『とても買収なんてできない』とあきらめるほど大きな会社にしてやろう」と思って、上場を最終決断したのだそうです。

こうしてＴＫＰは、会社設立から12年目の２０１７年3月27日、東証マザーズに株式上場を果たしました。初値は、ＩＰＯ時の公開価格（６０６０円）を74％上回る1万５６０円。上場時の時価総額は５００億円近くに迫りました。

ＩＰＯで調達した資金は約20億円。これに既存の借入金と上場後契約締結した70億円分の銀行借入枠を合わせて、一度に１００億円近い資金を手に入れることができました。

ちなみに、決断してからわずか10か月で株式上場を実現できたのは、河野社長がすでに会社設立当初から、「いつかは決断を迫られる時期がやってくる」と見て、周到に準備を進めていたからです。わたしたち野村證券も、上場の数年前から入念に準備をお手伝いさせていただき、河野社長が決断を下されるかなり前の段階で、すでに東京証券取引所の上場審査を十分通過できるだけの体制を整えていました。

つまり、しようと思えばいつでも上場はできたわけですが、自由な意思決定を制約されることへの懸念からなかなか決断に踏み切れなかったのです。

それでも、最終的に河野社長が決断を下したのは、「会社を成長させるために、使える〝武器〟を使わないのはもったいない」という思いもあったからだと言います。

じつはTKPは、10年余りの歴史のなかで、2008年のリーマンショックや2011年の東日本大震災などによって、倒産の危機に直面したこともあります。

どんなに経済が好調で貸会議室などの需要が拡大しても、突発的な危機や天災などによってビジネスが急速に縮小するリスクはつねに潜んでいるということを、河野社長は身をもって体験しているのです。

「株式市場から約20億円を調達できただけでなく、銀行から既存の借入金を含めて約100億円もの調達が可能になったのは、上場企業になったために信用力が上がったからです。

これだけの資金があれば、何かあっても倒産するリスクは減りますし、チャンスがあれば積極的に事業投資できる機動力も生まれます。上場によって、持続的に成長していくための〝武器〟を手に入れることができたわけです」（河野社長）

また河野社長は、「会社は自分にとって子どものような存在ですが、子どもの将来のことを本気で考えるのなら、自分の思いどおりに育てようとするのではなく、周りの意見にも真摯に耳を傾けなければなりません。実際、上場して以来、株主の皆さまから経営についていろいろな要望や意見をいただき、われわれ内部にいる人間とは違った見方や切り口の意見にも数多く接する機会が増えました。意思決定が制限されたとしても、それと引き換えに、株主の皆さまの貴重な意見を採り入れられるのは、非常に大きなメリットだと思います」と語ります。

「今後は、よりグローバルな事業展開を見据えて、『信用力、資金調達力、ブランド力』という〝3つの武器〟をより強くして、海外事業をどんどん広げていきたいですね。また、当社の事業ポートフォリオにおける貸会議室の割合は現在、創業時の１００％から58％まで下がっています。今後はこれを50％以下まで縮小し、貸会議室に代表される空間再生だけでなく、事業再生などの分野も強化していくつもりです。会社を成長させ続けることは経営者にとってのロマンですが、株式上場を果たしたことで、その可能性は大きく広がっ

たと思います」（河野社長）

◉経営者たちのIPOへの想い

Gunosyの福島氏にも、TKPの河野社長にも共通するのは、
「IPOによって、会社をさらに大きく成長させたい」
という明確で熱い想いです。

野村證券は、毎年数十社に上るIPOの主幹事を務める過程で、「いつかは上場したい」という〝夢〟や〝憧れ〟から一歩前進し、具体的に上場準備を進めている数多くの企業のお手伝いをしながら、経営者の方々の上場に対する熱い想いや期待に接しています。

そうしたなかでも、経営者が「なぜ、上場すべきなのか」「上場をステップとして、会社をどうしたいのか」という明確な目的や答えを持っている会社ほど、迷いなく、最短距離でIPOを実現されているケースが多いように感じます。

わたしたちが上場準備をお手伝いし、上場された企業へのインタビューを通じて、さまざまな業種の経営者の方々が「なぜ、IPOを目指したのか？」を、もう少し探ってみることにしましょう。

株式上場には、資金調達のほかに、信用度や知名度、ブランド力の向上といったメリッ

トもあるというのはすでに述べたとおりですが、そのメリットを生かして優秀な人材を獲得すべく、2013年11月に東証マザーズに上場（その後、2014年12月に東証一部上場）したのが、株式会社M&Aキャピタルパートナーズです。

M&Aキャピタルパートナーズは、大手ハウスメーカーに勤務していた中村悟代表取締役社長が2005年10月に創業しました。社名のとおり、企業のM&A（合併・買収）を仲介するM&A関連サービス会社として産声を上げました。

そもそも大学で建築を学び、大手ハウスメーカーで新卒から10年間にわたり、設計・住宅販売・不動産活用の営業に携わったという中村社長にとって、M&Aの仲介はまったく未知の分野でした。

しかし、「住宅の営業活動で接していた地主の方々から、焼鳥屋の譲渡やビルの清掃会社の譲渡の相談を受けました。それまで、自分の仕事に対し、数千万円・数億円というお金を預かり、地図に残る高度な営業をしているという自負がありましたが、M&Aは経済的にも社会的にも大きなインパクトがあり、すごいスピードで動いていて、これからニーズもより高まると感じました。M&Aという大きな世界で力を発揮するコンサルタントになりたいと強烈な憧れを持ちました」（中村社長）。

ところが、M&Aの知識や経験どころか、銀行や証券会社といった金融機関への就職経験すらない中村社長を迎え入れる金融機関は1社もありませんでした。

「だったら、自分で会社を起こそう」ということで、M&Aキャピタルパートナーズを設立したのです。資本金はわずか300万円。常勤社員は、中村社長ひとりだけ。オフィスを借りることも当然できず、知り合いの会社の机ひとつを月5万円で借りてのスタートでした。

とはいえ、実績がまったくなく、規模の小さな会社に仲介を求めてくるお客さまはほとんどいません。「あまりにも信用力がないので、秘密保持契約すら拒否されるほどでした」と中村社長は創業当時の苦労を振り返ります。

株式会社M&Aキャピタルパートナーズ
中村悟
代表取締役社長

また、仲介業務をこなすためには、経験豊富な人材の確保が不可欠ですが、「せっかく優秀な人材を採用しても、すぐに辞めてしまったり、ほかの仲介会社に奪われたりしました。そこで、創業2期目ぐらいから『株式上場をしたい』と強く考えるようになり、少

しずつ準備を始めたのです」（中村社長）

その後、紆余曲折を経て、M＆Aキャピタルパートナーズは２０１３年11月に念願の上場を果たします。

上場によって会社としての信用力と知名度は著しく向上し、いまでは連結ベースで役職員１３０名以上、売上高は80億円を超えるM＆A関連サービス会社に成長しました（２０１７年９月時点）。創業当初は、受注不足や人材難によって二度の倒産危機に直面したこともありましたが、上場によって見事、大逆転を遂げたのです（詳しくは、第4章でご紹介します）。

「富士山に登って見える景色は、登ってみなければわかりませんよ」

そう言われて上場を決断したのは、若い女性に人気の高いプリントシール機の企画・開発・運営などを行なうフリュー株式会社の田坂吉朗代表取締役社長（取材時）です。

フリューはもともと、オムロン株式会社の１００％子会社としてエンタテインメント事業を行なっていましたが、２００７年4月、現経営陣がMBO（マネジメント・バイ・アウト）によって事業を譲り受け、独立に至りました。

現在では、プリントシール機事業のほか、女の子向けのWebマガジンの運営や、カラーコンタクトの販売などを行なうコンテンツ・メディア事業、各種クレーンゲームなどのプライズ（景品）を企画・製造・販売するキャラクター・マーチャンダイジング事業、コンシューマゲームやスマートフォンゲームなどの企画・開発・販売を行なうゲーム／アニメ事業を展開しています。同社の三嶋隆専務取締役（取材時）によると、「流行に敏感な若い女性をターゲットとするビジネス（ガールズトレンドビジネス）と、キャラクターを通じて作品の世界観を広めていくビジネス（世界観ビジネス）の2軸体制」であり、それぞれのシナジー（相乗効果）によって全体の業績アップが期待できる事業ポートフォリオを有しています。

フリューは、MBOによって独立した8年後の2015年12月、東証一部に上場しています。

しかし、ガールズトレンドビジネスを担当していた三嶋氏は当初、上場にはあまり乗り気ではありませんでした。

というのも、「若い女性をターゲットとする事業は、嗜好の変化とともに業績が移り変わりやすいので、株式を上場させるのにふさわしくないのではないか」（三嶋氏）という思いがあったからです。

「上場して資金を調達するほど財務に困っているわけでもなく、オムロンから受け継いだ厳格なルールや管理によって、社内体制もしっかりとしていました。あえて上場しなくても、十分にやっていけるだけの基盤は整っていました。しかし、野村證券の営業担当者から言われたひと言が、田坂の決意を固めたようです。それが、先の『富士山に登って見える景色は、登ってみなければわかりませんよ』という言葉でした」(三嶋氏)

当社の営業担当者が言いたかったのは、「上場企業となって社外への情報発信が増えれば、社外からの見え方が変化し、いままでにない企業との協業の可能性も増して、新しいビジネスチャンス(景色)が見えてくる」ということだったようです。

実際、上場をきっかけに「フリューとコラボレーションしたい」という企業との出合いが増え、若い女性をターゲットとしたオリジナルカラーコンタクトの販売など、それまでになかった新しいビジネスにも次々にチャレンジできる機会が生まれました。

ビジネスの可能性を押し広げたという意味では、フリューにとっても、株式上場が成長を促す大きな力となったわけです。

「上場企業となって高い信頼性を手に入れることは、当社のビジネスを大きくするために、どうしても不可欠でした」

そう語るのは、弁護士ドットコム株式会社の杉山慎一郎顧問（取材時。ＩＰＯ時は取締役ＣＦＯ）です。

弁護士ドットコムは、国内初の法律相談ポータルサイト「弁護士ドットコム」の運営会社として、２００５年7月に創業しました。創業者の元榮《もとえ》太一郎氏（取材時・代表取締役会長。現・代表取締役社長）は、弁護士として15年以上のキャリアを持ち、参議院議員も務めています（取材時）。

もともと「弁護士ドットコム」は、読者による法律相談に弁護士が無料で対応し、全国の弁護士のデータベースを無料で提供するポータルサイトでした。ほとんどのサービスが無料であるため、収益が上がりにくいことが長年、大きな課題となっていました。

そこで同社は２０１３年にビジネスモデルを改め、広告料金を支払ってもらった弁護士の情報をサイトに掲載する方式を採り入れました。

「いわば、〝ぐるなび〟の弁護士版のようなものです」と杉山氏が言うように、「弁護士ドットコム」のサイト上で「地域」と「分野」を選択すると、該当する弁護士の情報がリスト表示されます。たとえば「東京」「借金・債務整理」という項目を選択すると、都内に事務所を構える借金・債務整理問題に強い弁護士がリスト表示され、個別の弁護士名をクリックすると、さらに詳しい情報や連絡先などが表示される仕組みです。

課金モデルを採用したことで、弁護士ドットコムの収益力は格段にアップしました。

そして、このビジネスを「さらに大きくしていきたい」と考えた元榮氏はＩＰＯを決断。新サービス開始から約１年半後の２０１４年12月、弁護士ドットコムは東証マザーズに上場しました。

事業拡大のための資金調達も上場の大きな目的でしたが、杉山氏が言うように、最大の狙いは会社の信頼性を高めることにありました。

「わたしたちの広告主である弁護士の先生方は、所属する弁護士会のルールによって、出稿できる広告媒体や広告内容が厳しく制限されています。もちろん当社は、ルールにしっかり対応した媒体づくりを行なっているのでまったく問題ありませんが、上場企業になればさらに信頼性が増し、弁護士の先生方に、より安心して出稿していただけるようになるはずだと考えたのです」（杉山氏）

弁護士向けのオンライン広告媒体は、「弁護士ドットコム」のほかにもいくつかありますが、弁護士会のルールにそぐわないグレーな広告媒体も存在すると言います。

そうしたなか、ルールにしっかりと則り、しかも唯一上場企業が運営する「弁護士ドットコム」の信頼性は、他の媒体を圧倒的に凌駕し、広告出稿量も増え続けています。

いまでこそ、大学や大学院に通いながら起業する「学生ベンチャー」は珍しくなくなりましたが、2013年11月に東証マザーズに上場した、株式会社じげんの平尾丈代表取締役社長（現・代表取締役社長執行役員CEO）は、その先駆けのひとりとも言える存在でしょう。

学生時代にふたつの会社を立ち上げた後、「経営者としての修業を積む」（平尾社長）ためリクルートに入社しました。2008年1月に、リクルートが立ち上げたベンチャーファンドとモバイルゲーム・コンテンツ企業のドリコムが合弁設立したインターネット企業（じげんの前身）の社長に25歳で抜擢されました。そして2年後の2010年、平尾社長はMBOによってじげんを譲り受け、学生時代から数えて〝3度目の起業〟を果たします。

上場したのは、それからさらに3年後、30歳の時でした。

「学生時代から『最年少上場』を目指していました。残念ながら目標はかないませんでしたが、早い時期から『なるべく早く上場する』という明確な意思を持って修業や準備を重ねてきたことが、いまにつながっているのだと思います」（平尾社長）

じげんは、複数のインターネットメディアが保有する情報を統合し、ユーザーが一括して検索・閲覧、応募・問い合わせなどができる「EXサイト」をはじめ、ライフイベント領域（求人・住まい・クルマなど）を中心にさまざまなサービスを提供する会社です。

「たとえば、アルバイト情報や中古車販売情報、賃貸物件情報などを配信する情報サイトはいくつもありますが、それぞれのサイトを開いて情報を見比べたり、サイトごとの応募フォームに個人情報をいちいち入力したりするのは面倒ですよね。そうした情報検索や応募を一度にできるのが『ＥＸサイト』の最大のメリットです」（平尾社長）

ライフメディアプラットフォームという仕組みを生み出す原点となったのは、平尾社長が幼少期から抱いていた、ある思いでした。

「祖父の会社が倒産し、家計の苦しいなかで育ったせいもあり、子どものころから『世の中は何て不平等なんだ』という不満をつねに抱いていました。誰にでも公平なチャンスが与えられる世の中をつくりたいという幼少期からの思いが、一人ひとりが人生において最良の選択肢となり得る情報を得られるライフメディアプラットフォームのアイデアへとつながっています」（平尾社長）

学生時代から「なるべく早く上

株式会社じげん
平尾丈
取材時・代表取締役社長

場したい」という目標を掲げたのも、世の中を変えられるだけの影響力を持った上場企業でなければ、子どものころからの思いはかなえられないと考えたからだと言います。

幼いころより育まれた真っすぐな想いが、株式上場という〝夢〟を手繰り寄せたのです。


「ビジョン実現をさらに加速するために上場しよう」


そう決意したのは、障害者の就職支援や発達障害の子ども向けの教育事業を手がける株式会社LITALICO（りたりこ）の長谷川敦弥《あつみ》代表取締役社長です。

長谷川社長は2009年8月、LITALICOの社長に就任しました。株式上場を目標に掲げ、2016年3月に東証マザーズへ上場しました。さらに1年後の2017年3月には、東証一部へ市場区分を変更しています。

障害者の就労支援や発達障害のある子どもたちを支援するLITALICOは、「障害のない社会をつくる」というビジョンを掲げています。

「社会生活に大きな困難があるために『障害者』と括られている人がいますが、もし、肢体不自由の方が軽快に移動できるカッコイイ車イスがあったら、『移動する困難』はなくせるのではないか。もし、精神的に不安の強い方でも安心して働ける職場が当たり前にあったら、『働く困難』はなくせるのではないか。社会には多様な人がいます。社会の側に人々の多様な生き方を実現するサービスや技術があれば、障害はなくしていける。障害は人ではなく、社会の側にある」。長谷川社長は「障害」をこのように捉えています。

ＬＩＴＡＬＩＣＯのサービスは、そうした長谷川社長の掲げる明確なビジョンのもとに提供されています。

世の中がそうしたビジョンや事業を広く認知することで、理念やビジョンの実現は加速します。そこで、同社の存在意義や事業活動についてより多くの人に知ってもらうべく、長谷川社長は上場を決意したのです。

長谷川社長の就任から上場に至るまでの間に、ＬＩＴＡＬＩＣＯは、発達障害の子どもへの教育を目的とした教室やＩＴによるものづくり教室を開設したほか、発達障害ポータルサイト、子育て情報メディアなど、インターネットを使ったサービスも開始しました。社員数もいまでは１６００人以上、年間純利益は4億円以上に達しています（２０１７年3月期）。

以上ご紹介したのは、わたしたち野村證券がこれまでＩＰＯをお手伝いした企業のほんの一部にすぎません。他にも、老舗企業が、内部管理体制を再構築・強化して次世代経営陣へ事業承継するべくＩＰＯを決断されるケースや、ＭＢＯで上場廃止となった後、成長戦略を強化し再上場で新たな株主を迎え入れる決断をされたケースなど、経営者が上場を目指す理由は会社の数だけあります。

しかし、どのような理由であれ、経営者が強い信念や意思を持って臨めば、ＩＰＯを実現できるのだということは、おわかりいただけたのではないかと思います。

次のページからは、ＩＰＯの目的や意義について、より詳しく解説します。

IPOすることの意義と上場企業になることの責任とは？

◉そもそもIPOとは何か？

「貯蓄から投資へ」という意識の変化とともに、資産を銀行に預けるだけでなく、株式でも運用する個人投資家は着実に増えています。

その結果、かつては一部の個人投資家だけしか知らなかった「IPO」という言葉も、広く認知されるようになってきました。

また、「自分で会社を起こして、成功したい」という夢や希望を持つ方々や、すでに経営している会社を大きく成長させたいという方々であれば、「IPO」という言葉を目にしたり、耳にしたりしたことのない人は、おそらくひとりもいないはずです。

しかし、言葉は知っていても、IPOとは何か？　どうすればIPOできるのか？　ということをよく理解している人は、意外に少ないのではないでしょうか。そこで、ここからはIPOの目的や意義などについて、わかりやすく解説します。

そもそもＩＰＯとは、「Initial Public Offering（イニシャル・パブリック・オファリング）」という英語の略です。会社が自社の株式を不特定多数の投資家に向けて販売することをパブリック・オファリング（ＰＯ）と呼び、その会社が初めて（イニシャル）行なうパブリック・オファリングがＩＰＯです。オファリングには、会社が資金調達する「公募」と、既存の株主が保有株式を売却する「売出」があり、ＩＰＯ時に投資家に販売されるこれらの株式のことを「新規公開株」と呼んだりします。また、オファリングする際に会社が新株を発行することから、オファリングする会社のことを「発行会社」と呼ぶこともあります。

企業が証券取引所に株式を上場する時には、同時にＩＰＯを行ないます。なぜなら、上場後に投資家が証券取引所を通じて売買するための株式をあらかじめ供給しなければならないからです［株式上場と同時にパブリック・オファリングを実施しない「直接上場（ダイレクトリスティング）」という手法もあります］。

魚が水揚げされなければ、魚市場での売り物がなく、取引が成立しなくなるのと同じように、株式市場においても、売り物となる株式がなければ売買をしようがありません。

また魚市場では、どんな魚でも競りにかけられるわけではなく、流通させても売れないような魚は弾かれてしまいます。

同じように、株式市場で取引される株式も、流通させるのに十分な〝質〟や〝ニーズ〟を備えているかどうかということが、証券取引所によって審査されます。その厳格な審査を経て、上場要件を満たしていると承認された株式だけが、晴れて上場できるのです。

ＩＰＯは株式上場時に行なうものですから、ＩＰＯと株式上場はワンセットであると言えるでしょう。主に、オファリングの観点から説明する時にＩＰＯ、上場手続きの観点から説明する時に株式上場と呼びますが、ほぼ同義と捉えていただいてかまいません。

ＩＰＯによって企業は「公開価格×新規発行した株数」分の資金（手数料等を除く）を得ることができます。事業をさらに成長させることが可能となる多額の資金を調達できることが、多くの企業にとってはＩＰＯの最大の目的のひとつであり、また最大のメリットのひとつであると言えます。

事業拡大に必要な資金の調達を銀行借入に頼ってきた企業は調達の選択肢が広がり、成長のためのさらなる投資を行なうこともできるようになります。

経営者をはじめとする既存株主が保有する株式を売り出して、それまでの事業に投入した資金を「公開価格×売り出した株数」分（手数料等を除く）、回収することもできます。

また、ＩＰＯするためには、投資家に安心して株式を購入していただくために必要な経営組織の整備やコーポレート・ガバナンスの構築、内部管理体制の強化、合理的な経営計画の策定、適切な予算・実績管理（予実管理）の実施といった要件を満たし、証券取引所の厳格な上場審査を経なければなりません。

これらの大変革を進めることで、結果的にさらなる成長に向けての事業基盤がしっかりと固まり、〝戦える会社〟としての盤石な体制が整うことも、ＩＰＯの大きなメリットだと言えます。

このほかにも、ＩＰＯには、さまざまなメリットがあります。以下、代表的なものをいくつか挙げてみましょう。

〈プライベート・カンパニーからの脱却〉

パブリック・カンパニーである上場企業には、社会の公器としてプライベート・カンパニー（未上場企業）以上に大きな社会への責任と義務が求められます。それらをまっとうするため、ガバナンスや内部体制の強化に取り組むことが、企業の存続性を高め、長期にわたる成長への道を開きます。

〈ブランド力・信用力の向上〉

社名や事業内容に関する情報などが広く知れわたることによって、上場する前よりもブランド力や信用力が増し、事業提携等のビジネスチャンスが増えたり、新たな顧客が増えて、業績拡大につながります。また、信用力が高まれば、銀行などからの借り入れもしやすくなります。

〈人材が獲得しやすくなる〉

会社の知名度が上がることによって、求職者の認知度も高まり、入社を希望する人材の数が増えるケースが非常に多いようです。多種多様な人材を獲得しやすくなったという声も聞きます。また、すでに働いている社員の方々がさらに自社に誇りを持つようになったり、「会社が上場したおかげで、住宅ローンの審査が通りやすくなった」などと社員の方から喜ばれることもあるようです。

◉上場企業が負うべき責務とは？

このように、ＩＰＯにはさまざまなメリットがある一方で、いったん上場した企業には、パブリック・カンパニーとして果たさなければならない責務もあります。

第一に、上場企業は投資家がその会社の株を「買うべきか、売るべきか?」という十分な投資判断ができるように、財務に関する情報、会社組織・経営体制などの整備に関する情報、成長戦略の考え方といったさまざまな情報を提供しなければなりません。

とくに決算情報については、未上場企業なら年1回の株主総会で株主の承認を受ければよかったものが、上場企業は四半期ごと(3か月ごと)に公表しなければなりません。また、業績予想の修正、M&A、その他、投資家の投資判断に影響を与えるような経営上の重要な事実が判明した場合には、その時点での速やかな情報開示(適時開示)が求められます。これらの情報開示に費やす労力や費用は、上場前とは比べものにならないほど大きくなります。

これらの情報を正確かつ十分に提供できるようにするには、IPO準備の段階からさまざまな外部パートナーと良好な関係を構築し、的確なアドバイスを受けられるようにしておく必要があります。

外部パートナーとは、わたしたち野村證券のような主幹事証券会社、監査法人、株式事務代行機関、証券印刷会社、弁護士・社会保険労務士、IPOコンサル会社などです。それぞれの外部パートナーの役割や上場企業とのかかわりは、次ページの**【図1】**のとおりです。

図1 外部パートナーとその役割

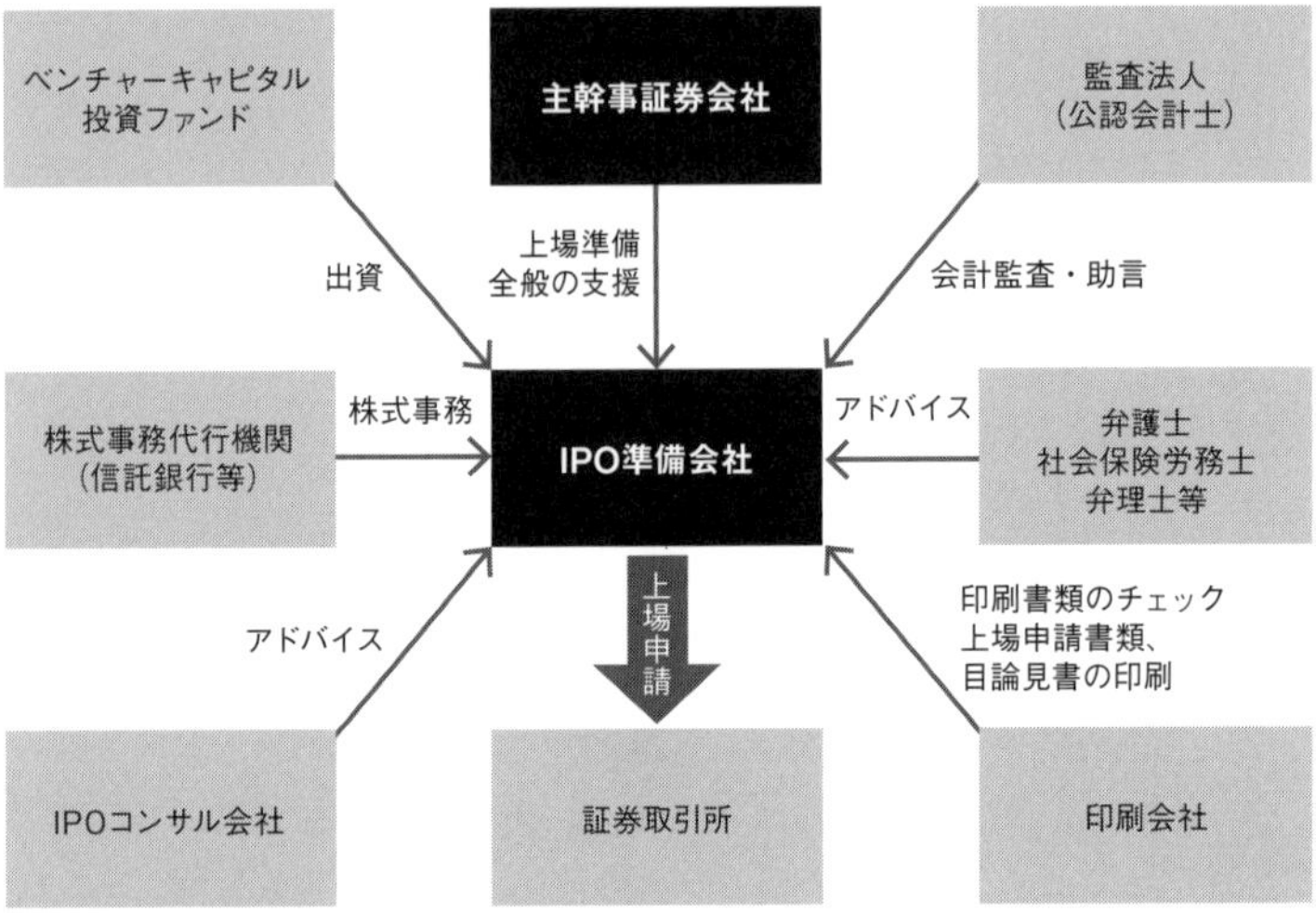

また、繰り返しになりますが、上場企業の社会的責任はプライベート・カンパニーの時代とは比べものにならないほど重くなります。

とくに業界初の企業として上場を果たした場合などは、業界のリーディング・カンパニーとして他社の模範となるような行動や役割が求められるため、さほど制約なく事業活動を行なっている同業他社と比べて、競争上不利となることもあります。

パブリック・カンパニーである上場企業には、地域の雇用を増やしたり、文化振興を支援したりと、地域経済や地域社会への貢献もおおいに期待されます。雇用は企業の成長に結びつきますが、社会貢献活動はブランド力や信頼性を高めるものの、直接的に利益を生む活動ではなく、むしろ短期的にはコスト要因として財務を圧迫することもあります。中長期的な観点から取り組みを検討していくことが必要です。

また、株式が証券取引所で自由に売買されるようになると、不特定多数の投資家が新たな株主となります。そのなかには、会社の長期的な成長に期待するというよりも、短期的により多くのキャピタルゲイン（株価の上昇によって得られる譲渡益）を得ることに強い関心を持つ株主も含まれています。上場企業の経営者が、短期的に業績をあげなければならないといったようなプレッシャーを受け、長期的な成長のために温存しておきたかった経営資源（ヒト・モノ・カネなど）を、短期的な業績向上のために先行投入せざるを得なくなり、当初思い描いていたような成長戦略を実現できなくなることもあるかもしれません。

しかも、株式が市場で自由に売買できるようになれば、敵対的買収などのリスクにもさらされやすくなります。株式会社はもともと経営者のものではなく株主のものですが、未上場会社で株式の譲渡制限を定めていれば、常に株主の顔が見えます。ところが株式の譲渡制限を撤廃して上場することにより、タイムリーに全株主の状況を把握することが難しくなります。多数の株式を握られることで、経営権すら失ってしまうリスクもあるわけです。

このほか、上場企業が遵守すべき重要なルールのひとつに、「インサイダー取引規制」というものがあります。

インサイダー取引とは、上場企業の役職員などの関係者、または関係者から情報を得た者が、上場企業グループに関係する未公表の重要事実を利用して株式売買などを行なうことです。以前はインサイダー取引を実際に行なった者だけが処分の対象とされましたが、2013年6月の金融商品取引法（以下、金商法）改正によって、インサイダー情報を伝達したり取引を推奨した会社の関係者も処罰の対象となりました。

この規制に違反した場合は、違反者のみならず会社にも5億円以下という重い罰金が科せられ、また、会社のイメージを著しく損なう可能性もあります。したがって、上場企業になるためには、インサイダー取引を厳格に防止できるような仕組みをしっかりと整えなければなりません。

◉それでもIPOを目指す理由

以上見てきたように、上場企業にはさまざまなメリットがある半面、パブリック・カンパニーであるがゆえの責務や制約などの留意すべきことも数多くあります。

IPOは、会社を成長させるための有効な方法のひとつだと言えますが、むしろ未上場のままでいるほうが、同業他社との競争に勝ち抜くためには有利なのではないかと考える経営者も少なくありません。

たとえば、Ｇｕｎｏｓｙの伊藤氏は、「経営計画や業績に関する情報を詳細に公開するということは、ライバル企業にわれわれの〝手の内〟や、その成果を示すようなものです。ライバルが未上場なら、われわれは彼らの戦略を知ることができないのに、自分たちの戦略は相手に筒抜けになるのですから、競争上不利であることは言うまでもありません」と語ります。

また、「企業価値を評価する目安のひとつに、時価総額（株価×発行済株式数）がありますが、上場後の時価総額が未上場のライバル企業に比べて低くなってしまったら、市場の見る目は厳しくなるはずです。せっかく上場したのに、むしろ会社の将来性に対する期待は下がり、さらなる資金調達や人材獲得もおぼつかなくなって、負のスパイラルに陥ってしまうかもしれません」（伊藤氏）。

しかし、そうしたリスクを踏まえつつも、Ｇｕｎｏｓｙが上場を決断したのは、先ほども紹介したように、ＴＶコマーシャルに必要な多額の資金を調達して、ユーザー数を大きく増やそうという明確な目標があったからです。

Ｇｕｎｏｓｙや M&A キャピタルパートナーズのように、創業時は社員数名程度の会社でも、創業から数年後にＩＰＯを実現した例はいくつもあります。

どんな会社にも、ＩＰＯへの道は開けているのです。

ただし、実際にＩＰＯすべきかどうかは、そのメリット、留意点を十分に踏まえ、会社が置かれている状況や将来の見通しなどに基づいて慎重に判断すべきでしょう。

わたしたちは、上場準備のためのアドバイザリー契約を締結する前から、ＩＰＯに関するご相談に積極的にお応えしています。

経営者の方々が、なぜＩＰＯを目指しておられるのか、どんな会社の将来を思い描いているのか、といったことに真剣に耳を傾け、協議を重ねながら準備を進めていきますが、時には「上場しないほうがいいかもしれません」とご提案することもあります。そのほうが、会社を成長させるために賢明な選択となる場合もあるからです。

また、「いまはタイミングではなくても、3年後、5年後にＩＰＯを考えたほうがいいのではないでしょうか」とご提案することもあります。ＩＰＯには、会社を取り巻く状況や成長ステージ・成長戦略、市場の動きなどによってベストなタイミングというものがあるからです。

いずれにせよ、お客さまにとってどのような選択が最善なのかということを真剣に考え、ご提案させていただいています。

もちろん、より多くの企業にＩＰＯしていただき、株式市場の活性化や、新技術・新サービス等の時代の先駆けとなる産業の創出を通じて日本の経済成長力の底上げに貢献したいというのは、わたしたちの想いです。

ＩＰＯが活発化すれば、投資家にとってより幅広い収益機会がもたらされるだけでなく、企業が革新的なテクノロジーやビジネスモデルを開発したり、事業をグローバル化したりするための資金を調達する機会を得ることによって、日本経済全体を元気にするはずです。

次のページからは、日本のＩＰＯ市場の現況と、今後の見通しについて解説します。

日本のIPO市場の現況

◉世界金融危機やコロナショックで急減も、ここ数年は着実に増加

巻頭の「新規上場会社数の推移」は、日本における過去30年余りの新規上場会社数（TOKYO PRO-Marketを除く）の推移を示したグラフです。

この図を見るとわかるように、日本の新規上場会社数は〝バブル景気〟と呼ばれた1980年代後半の好景気の時代に年間100社を超え、バブルが崩壊したとされる1990年代初めに一時大きく落ち込みますが、その後も年間100社前後のペースで推移しました。

過去、最も新規上場会社数が多かったのは2000年です。

1990年代終わりごろからのインターネットの急速な普及とともに、〝ITバブル〟と呼ばれるテクノロジー企業を中心とした世界的な株式投資ブームが巻き起こり、米国では新興市場のナスダックを中心に、テクノロジー系のベンチャー企業が数多く上場しました。日本でも1999年に新興市場の東証マザーズ、翌2000年にはナスダック・ジャ

パン（2002年にニッポン・ニューマーケット・ヘラクレスへ名称変更、2010年にJASDAQに統合）が開設され、ベンチャー企業の上場が相次いだことで、2000年の新規上場会社数は203社に上りました。

その後、2007年までは100社以上の新規上場が続いたものの、世界金融危機が発生した2008年には、前の年の121社から49社へと急減。翌2009年には、19社にまで落ち込みました。

しかし、この2009年をボトムに新規上場会社数は少しずつ増え続け、2013年のアベノミクス相場で株式市場が活況を取り戻したことなどもあって、2015年から2019年まで年間80社から90社前後のペースで推移しました。2020年には新型コロナウイルス感染症の発生に伴う世界的な行動制限等による株式市場の急変があったものの93社に、翌2021年には125社まで増加しました。2022年は、世界的なインフレ懸念やロシアによるウクライナ侵攻等で先行きを見通しづらい状況でしたが、新規上場会社数は91社となりました。

ちなみに、新興市場とは成長過程にあるベンチャー企業などの株式が取引される市場のことで、日本では東京証券取引所のグロース市場のほか、名古屋証券取引所のネクスト市場、札幌証券取引所のアンビシャス市場、福岡証券取引所のQ－Board市場の4市場

図2 いかなる環境下でも変わらぬ支援体制

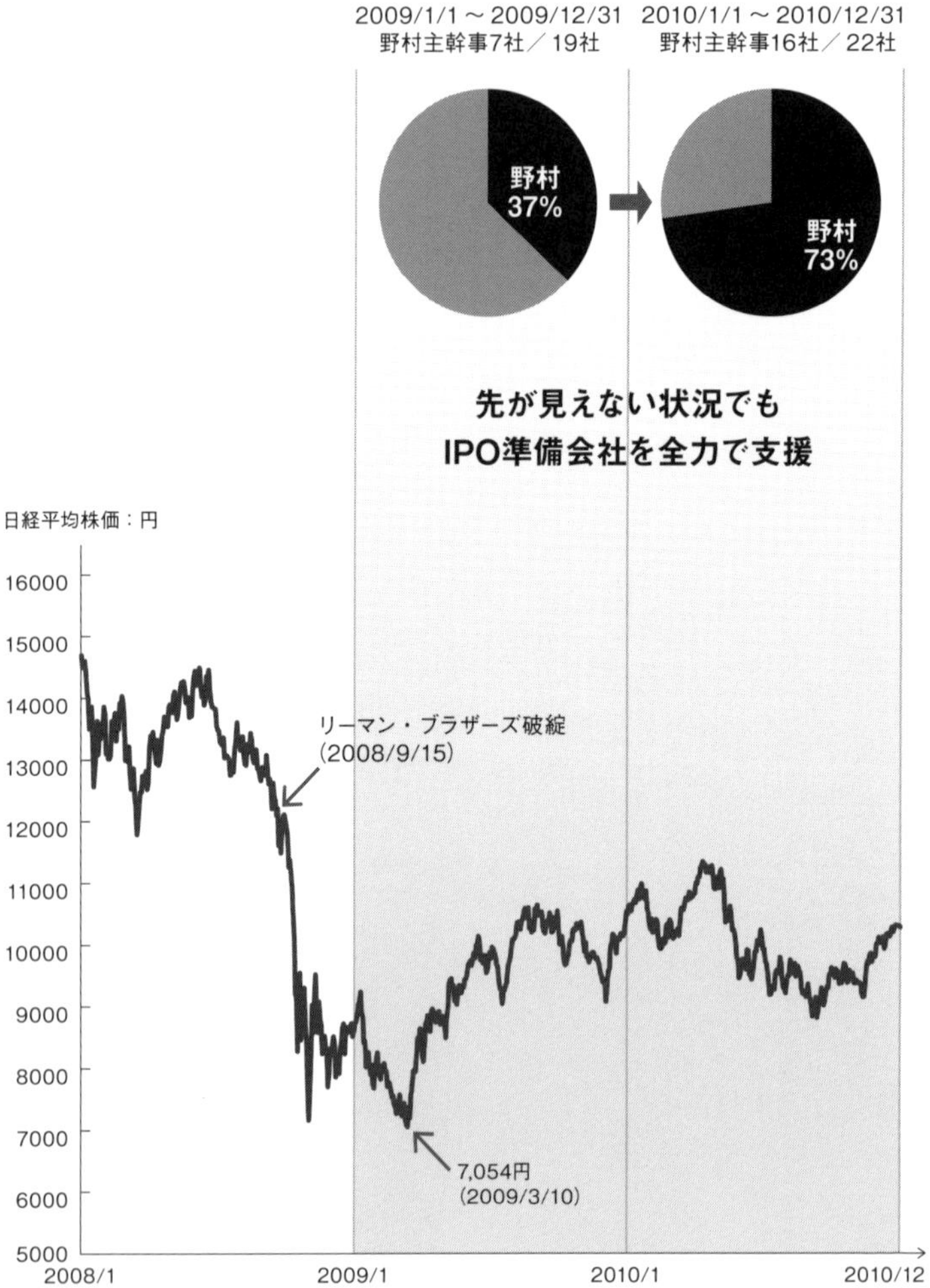

2009/1/1 ～ 2009/12/31
野村主幹事7社／19社
2010/1/1 ～ 2010/12/31
野村主幹事16社／22社
野村
37%
野村
73%
先が見えない状況でも
IPO準備会社を全力で支援
日経平均株価：円
16000
15000
14000
13000
12000
11000
10000
9000
8000
7000
6000
5000
リーマン・ブラザーズ破綻
(2008/9/15)
7,054円
(2009/3/10)
2008/1
2009/1
2010/1
2010/12

が開設されています。

この推移を見ても明らかなように、新規上場会社数は、国内外の景気動向や株式相場の動き、〝上場ブーム〟の盛り上がりなどに大きく影響されやすい傾向があります。

とくに２００８年の世界金融危機時には、世界中の株式相場が大幅に下落。日経平均もリーマン・ブラザーズが破綻する直前の１万２０００円台から、わずか半年で７０００円台まで落ち込んだことが、ＩＰＯニーズを一気に冷え込ませました。

この時、需要の縮小に合わせて、採算の合わなくなったＩＰＯに関する部門の人員を大幅に削減した証券会社もあったようですが、わたしたちはＩＰＯの支援体制を縮小することなく、ＩＰＯ準備会社への積極的なサポートを継続しました。その結果、**【図2】**のように野村證券が主幹事を務めたＩＰＯの国内シェアは、２０１０年（通年）には73％まで拡大しました。

その理由について、当社の持株会社である野村ホールディングスの永井浩二グループＣＥＯ（当時）は、２０１４年2月5日付の日刊工業新聞社のインタビューで次のように語っています。

ＩＰＯは種をまいてから果実になるまでに長く時間がかかる。ところが時間をかけた割に、収益性についてはそれほど高くない。とはいえ、この分野は収益性うんぬんが問題ではない。資本市場には新陳代謝が欠かせないためだ。（中略）新しいテクノロジーやノウハウで資本市場にデビューする企業は日本の経済発展につながる。そこを手助けするのは証券会社最大手としての責務。たとえ事業環境が悪化しても、野村がこの分野から手を引くという選択肢はない。

永井が語ったこの思いは、わたしたち社員全員に共通する思いです。

ＩＰＯを全力でお手伝いすることが、日本経済の発展につながる。そして、その大切な役割を担えるのは、リーディング・カンパニーとしての総合力と長年の実績を備えた自分たち以外にないという矜持を持って、わたしたちはＩＰＯ市場の活性化に取り組んでいます。

◉ＩＰＯの盛り上がらない日本経済に未来はない

ここ数年、ＩＰＯが再び盛り上がっているのは、ＡＩ、ＩｏＴ、フィンテックなどの新しいテクノロジーや、シェアリングエコノミーに代表される新しいビジネスモデルなどを引っ提げて上場に挑もうとする若い起業家が増えていることも、大きな理由のひとつではないかと思われます。

また、「最近は、東京以外の地域の企業による株式上場の動きが、以前にも増して活発化しているのを実感します。IPOのニーズは全国に広がりつつあるようです」と語るのは、東京証券取引所の小沼泰之取締役常務執行役員（取材時）です。

小沼取締役は、企業に円滑な上場準備を進めてもらうための支援サービスを提供する部門として、東証が設置した「上場推進部」を管掌しています。

「上場推進部は、リーマンショックによって新規上場会社数が急減したことを受け、IPO市場を再活性化させる目的で2011年に設置されました。具体的な活動としては、上場を検討している企業経営者への情報提供、上場準備を開始した企業からの相談への対応やアドバイス、上場後のフォローアップなどを行なっています」（小沼取締役）

株式会社東京証券取引所
小沼泰之
取材時・取締役常務執行役員

電話やメールによる問い合わせへの対応、セミナーや個別企業訪問などを通じて、年間200社前後の企業にＩＰＯに関する情報提供やアドバイスを行なっていますが、地方企業からの相談が増えているだけでなく、業種や会社の規模にも広がりが出ているとのことです。

「2016年の新規上場会社のうち、約6割は東証マザーズに上場していますが、上場推進部が相談などに対応している企業も、比較的小規模な新興企業の割合が高いようですね」（小沼取締役）

リーマンショックから上場推進部が設置されるまでの3年間、国内の新規上場会社数は2008年が49社、2009年は19社、2010年は22社と、地を這うような状況でした。それがここ数年、ようやく回復の兆しを見せはじめたことについて、小沼取締役は「経済状況の改善や、新技術・新ビジネスの登場とともにＩＰＯのニーズが高まっているだけでなく、最大手の野村證券をはじめ、証券業界全体がＩＰＯ市場を盛り上げようと積極的に取り組んできたことが回復を促したのではないでしょうか」と分析します。

上場推進部は、そうした業界の取り組みを支援するだけでなく、証券会社のネットワークだけではカバーしきれないような地方の〝上場予備軍〟企業を発掘するなど、独自のアプローチによってＩＰＯ市場の活性化に取り組んできました。

「いい会社をどんどん上場させて、日本経済の成長力を高めるというのは、国の基本政策でもあります。逆に言えば、IPOの盛り上がらない日本経済に未来はありません。証券取引所は国の機関ではなく民間企業のひとつですが、資本市場にかかわる者の責任として、IPOの活性化を通じて日本経済の発展に貢献したいという思いを強く持っています。上場推進部では、その思いを共有する約20名のスタッフが、上場を考えている企業経営者の方々と直接連絡を取り、IPOの実現に向けて、できる限りの支援を行なっています」（小沼取締役）

IPOを検討する企業経営者から上場推進部に寄せられる相談の内容は、非常に多岐にわたります。とくに多いのは、「株式を上場すると、会社が自分のものではなくなることが心配だ」というオーナー経営者からの相談だそうです。

「経営者が上場をためらう典型的な理由のひとつですが、それを乗り越えなければ会社のさらなる成長が望めないのであれば、『覚悟が必要です』とアドバイスさせていただくこともあります。たしかに株式上場をすると、経営の自由は大幅に制限されますが、その代わりに会社の存続性は高まり、組織的で透明性の高い経営が実践できるようになることで、信頼性が向上するというメリットもあります。たんにIPOの知識や情報を提供するだけでなく、そうしたマインドの部分についても、経営者の方々の気持ちに寄り添いながら、

アドバイスを提供させていただいています」（小沼取締役）

こうしたサービスが受けられるということは、企業がＩＰＯしやすい環境がますます整ってきたとも言えそうです。

小沼取締役は、「東証では、質的な水準を保持しながら、年間１００社程度の新規上場が継続するようなＩＰＯ市場づくりを目指しています。その実現に向けて、今後も株式上場を検討している企業を積極的に支援していきます」と抱負を語りました。

第2章

IPOまでのスケジュールとやるべきこと

ＩＰＯ実現に欠かせないのは壮大な事業計画よりも、経営者の「覚悟」と「誠実さ」

◉ＩＰＯまでの流れ（概要）

この章では、ＩＰＯまでのステップについて、わたしたち野村證券によるサポートの紹介を交えながら解説していきます。

ＩＰＯを検討している経営者や、ＩＰＯを視野に入れて起業を目指している方々にとって、どうすれば実現できるのかというのは、最も気になる点でしょう。

なかには、「自分の会社はまだ規模も小さいし、お金や人の管理すら十分にできていない。こんな会社でも、将来ＩＰＯできる可能性はあるのだろうか？」と疑問に感じている経営者や、「まともに売上も立っていないのに、ＩＰＯなんて夢のまた夢。とてもできっこない」とあきらめている方もいらっしゃるかもしれません。

結論から言えば、たとえいま、どんなに小さな会社でも、現時点では十分な売上や利益が立っていない会社だったとしても、将来ＩＰＯできる可能性はあります。

そのために、わたしたちのような主幹事証券会社が、会社の成長に寄りそいながら、上場企業に求められる管理体制や事業計画づくりのアドバイス、収益を上げていくためのさまざまなサポートをさせていただきます。

具体的なサポート内容については後ほど解説しますが、まずは、証券会社がＩＰＯ候補企業と出合ってから、金融商品として販売する（新規公開株を販売する）までの流れを簡単に説明しましょう。

証券会社が①ＩＰＯ候補企業と出合い、②上場会社にふさわしい経営管理体制の整備を行ない、③社内審査を行なったうえで、証券取引所に「上場適格性調査に関する報告書」を提出します。それを受けて④証券取引所審査が行なわれ、上場が承認されれば、投資家の声等を踏まえ証券会社が会社と相談し、新規公開株式の⑤公開価格が決定されます。価格が決まったところで、証券会社の営業部門を通じて、新規公開株が⑥販売されるという流れです。

なお、④の証券取引所審査は証券取引所が行ないますが、その他のプロセスについては、すべて主幹事証券会社が対応します。

また、⑥の販売については、主幹事証券会社以外の証券会社も引受販売します。

ちなみに引受とは、文字どおり、ＩＰＯによって新規公開される株のすべてを証券会社がいったん引き受ける（買い取る）ことです。主幹事証券会社とその他の証券会社（引受証券）が分担してすべての新規公開株を買い取り、それぞれの顧客（投資家）に販売します。

証券会社がすべての新規公開株を買い取るので、ＩＰＯした会社は、株の売れ残りによって予定していた資金調達ができなくなるというリスクを抱える心配はありません。

その一方、証券会社は、引き受けた株が売れ残ると大きな損失を抱える可能性がありますので、がんばって売り切るための努力をします。

もちろん販売営業にも力を入れますが、それよりも以前に、〝商品力〟を正確かつ魅力的に伝えることができなければ、投資家の方々に「この会社の株を買いたい」と思っていただくことはできません。

主幹事証券会社にとっては、すべてのプロセスが真剣勝負なのです。

もちろん、わたしたちは、自分たちの利益のためだけに上場準備をお手伝いしているわけではありません。

前の章でも述べたように、わたしたちが全力でＩＰＯ支援に取り組めば、日本のＩＰＯ市場はもっと活性化し、株式上場を果たされたお客さまのビジネスも成長して、お客さま、社会全般、わたしたちの三者が〝ウィン・ウィン・ウィン〟の関係になれると確信しながら、日々の活動に励んでいます。

◉証券会社はどんな視点でＩＰＯ候補企業を探しているのか？

では、証券会社はＩＰＯ候補となる企業を、どのように探しているのでしょうか。証券会社によって探し方はまちまちだと思いますが、わたしたちの例を紹介します。

野村證券では、東京、名古屋、大阪、京都ならびに東日本、西日本のコーポレート・ファイナンス（以下、ＣＦ）各部に、法人のお客さまの事業戦略や財務戦略を支援する直接の窓口となる担当部署があります。

このうち８部と９部は、ＩＰＯを検討している企業へのアプローチから、上場の準備、ＩＰＯに至るまでをお手伝いする窓口となっています。

また当社には、公開引受部というＩＰＯの専門部署があります。お客さまとの総合的な窓口はＣＦ８・９部などの担当部署が務めますが、社内体制の整備や野村證券による社内審査、証券取引所への推薦および証券取引所審査、ファイナンス（公開価格の決定および販売）といった、ＩＰＯに至るまでの全プロセスの管理、アレンジおよびサポートについては、公開引受部が担当しています。

公開引受部には、ＣＦ８・９部などのお客さま担当部署によるＩＰＯ候補企業へのアプローチをサポートする機能もあり、上場準備の初期段階の体制づくりのアドバイス等を行なっています。

ＣＦ８・９部では、一人ひとりの営業担当者がさまざまなアンテナを張り巡らせながら、日々、ＩＰＯ候補企業探しに動き回っています。新聞や雑誌、インターネットなどで、新しい技術やサービス、話題のベンチャー企業などに関する記事などを毎日くまなく確認しています。そのなかから、経営者がＩＰＯを検討しているのではないかと思われるような企業を選び、直接アポイントを取って営業しています。

ベンチャー企業に出資しているベンチャーキャピタル（以下、ＶＣ）から、出資先の企業や、かかわりのある企業をご紹介いただくこともあります。

ＣＦ９部次長兼１課長（取材時）の前原久範は、「営業担当者は、年間数百件のお客さまを訪問させていただいています。訪問と言っても、最初の接触で面談が決まることはほとんどなく、経営者やキーマンに会うため何か月も通い続けるなど、泥臭い開拓も行なっています。わたしが担当者として初めてＩＰＯに携わったお客さまは、外食企業でした。当時、店舗もほとんどない小さな会社でしたが、味に惚れ込み通いつめ、経営者と懇意になり、主幹事を拝命することができました。経営理念や戦略をお伺いし、この経営者であれば大きく成長する会社になるに違いないと感じたことを記憶しております。それから２年半後には、東証二部に上場されました」と語っています。

ＣＦ８・９部は、主に東京のお客さまを担当する部署ですが、東京以外をカバーする各

CF部も、IPO候補企業へのアプローチを行なっています。

このほかの地方の企業や、資産運用などでお取引のある法人のお客さまから「IPOを検討している」というご相談を受けた場合は、法人開発部上場サポート課が対応しています。これらによって、全国くまなく、IPOの相談受付に対応できる体制を整えているのです。

法人開発部次長兼上場サポート課長の長尾裕史は、「地方企業からのIPOに関するご相談は年々増えています。支店から連絡を受けたら、必ずわれわれがお客さまのもとに直接訪問して、ご相談に対応しています。地方企業がIPOを果たすことによって地元経済に与えるインパクトは、東京とは比べものになりません。地方を元気にするためにも、1社でも多くの企業のIPOをお手伝いしたいですね」と語ります。

もちろん、このように当社からアプローチをかけたり、ご相談を受けたりしても、残念ながらIPOには至らないケースもあります。

実際に経営者の方とお会いし、会社の現況や目指している将来像などについてお聞きするうちに、上場しないほうが望ましいのではないかという結論に達することもありますし、乗り越えるべき壁があまりにも高すぎて、現実的にIPOは難しいというケースも少なくはありません。また、一度はIPOをしないとご決断されても、経営環境や事業環境の変化のなかで改めてＩＰＯを検討しご決断される経営者の方もいらっしゃいます。何年にもわたって経営者の方とお会いし、その時々のご相談をお預かりするなかで、初めてお会いしてから十数年経ってＩＰＯの意思決定をされるケースもあります。こうしてＩＰＯをご決断された会社だけに、ＩＰＯへの道が拓けるのです。

◉経営者の「覚悟」と「誠実さ」が実現可能性を高める

では、どのような会社ならＩＰＯできる可能性が高いのでしょうか。

ＣＦ8部の次長兼1課長（取材時）は、「事業の将来性や、会社が成長する力を持っているのかどうかということも重要ですが、最も重要なのは、経営者の〝人となり〟ではないでしょうか。実際にＩＰＯを実現された経営者の方々には、誠実かつまじめに経営に取り組んでこられた方が多いように感じます」と語ります。

そのうえで、「『自分の会社は、なぜ上場すべきなのか』という必要性をしっかりと認識し、『必ず実現する』という強い意思を持っておられる経営者の方ほど、われわれも全力で応援したいという気持ちになります。上場という目標に向けて、われわれと気持ちをひとつにしていただけるような会社であれば、たとえ足元の業績や社内体制が不十分でも、しっかりサポートをさせていただき、必ずＩＰＯを実現させたいという意欲が燃えるものです」と言うように、上場への覚悟や強い意思を持った経営者ほど、社内外の関係者を本気にさせながら、夢を実現させる可能性を秘めていると言えます。

また、「よく『社長業は孤独だ』と言われます。わたしたちは、資金調達・IPOにかかわることだけでなく、あらゆる経営の悩みに対し、経営者の『相談相手』でありたいと思っています。当社では、若手の社員でも担当者として開拓を任され、経営者との密なコミュニケーションや社内関係者とのやりとりも担当者として責任を持って当たることになります」と前原は語ります。「だからこそ、一緒になって支援してきたお客さまが上場日を迎えられた時、一番のやりがいを感じますね」（前原）

もちろん、どれほど事業の将来性が高く、成長が期待できる会社なのかということも、IPO候補となる企業探しにおいて重要なポイントであることは言うまでもありません。

そこで、わたしたちはフロンティア・リサーチ部に、IPO候補企業が手がけるビジネスの評価を依頼します。

フロンティア・リサーチ部は、主にIPOを目指している企業を中心に、年間1500社以上の未上場企業を直接訪問して企業評価を行なっています。その豊富な知見に基づき、当社の本社・支店の担当者が掘り起こしてきた企業のビジネスモデルの優位性や成長の可能性などについて、綿密なリサーチを行ないます。

「経営者インタビューを通じて浮き彫りとなる会社の強みや弱みだけでなく、手がけているビジネスの市場動向や業界動向なども総合的に調査して、野村證券にレポートしています。近年は、時代の変化に伴って業態が複雑化し、類似する上場企業のない業態に関する調査依頼が増えています。それでも、すべての業種に対応できるのが強みです」（フロンティア・リサーチ部長 大森琢也）

調査に基づく客観的な将来分析だけでなく、本社・支店の担当者がお客さまとの対話を通じて汲み取ったＩＰＯへの意欲、実務経験豊富な公開引受部が過去の事例に照らし合わせて感じ取ったＩＰＯ実現の時期などを総合的に判断したうえで、正式にお手伝いを開始します。

「当社が正式にＩＰＯのお手伝いを開始する前でも、お客さまが将来ＩＰＯを実現できるように、ビジネスモデルの見直しや成長戦略づくり、管理体制づくりといった、さまざまなサポートを行なっています。いまは時期尚早でも、３年後、５年後にはＩＰＯ準備会社になれるように、『準備のための準備』をお手伝いさせていただきます」（公開引受部次長 松下剛士）

◉上場までには、どれくらいの年数を要するのか？

アドバイザリー契約を交わした後は、いよいよＩＰＯに向けての準備作業がスタートします。【図3】は、ＩＰＯの準備の一般的なスケジュールです。

まず初めに、上場に向けた内部管理体制を構築します。上場企業にふさわしい経営組織づくりや、経理体制、内部監査体制、監査役監査体制などの整備を行なっていきます。

次は、構築された内部管理体制を実際に運用してみます。新しい体制を構築しても、うまく機能しなければ実効性があるとは言えず、上場企業としての体制を整えたことにはなりません。そこで、機能しない原因を突き止め、業務フローの見直しや体制のあり方そのものを見直していきます。

内部管理体制が一定程度うまく機能するようになると、証券会社審査が始まります。証券会社審査とは、証券取引所による上場審査（証券取引所審査）に準じる形で行なう〝模擬試験〟のようなものです（詳しくは後述します）。

証券会社審査を終えると、証券取引所審査を受けることになります。そして、証券取引所から上場承認が得られれば、ファイナンスにかかる手続きを経て、ＩＰＯを実施するという流れです。

一般的には、準備開始からＩＰＯまでに2～3年程度の年数を要します。もちろんあく

図3　ＩＰＯ準備の一般的なスケジュール

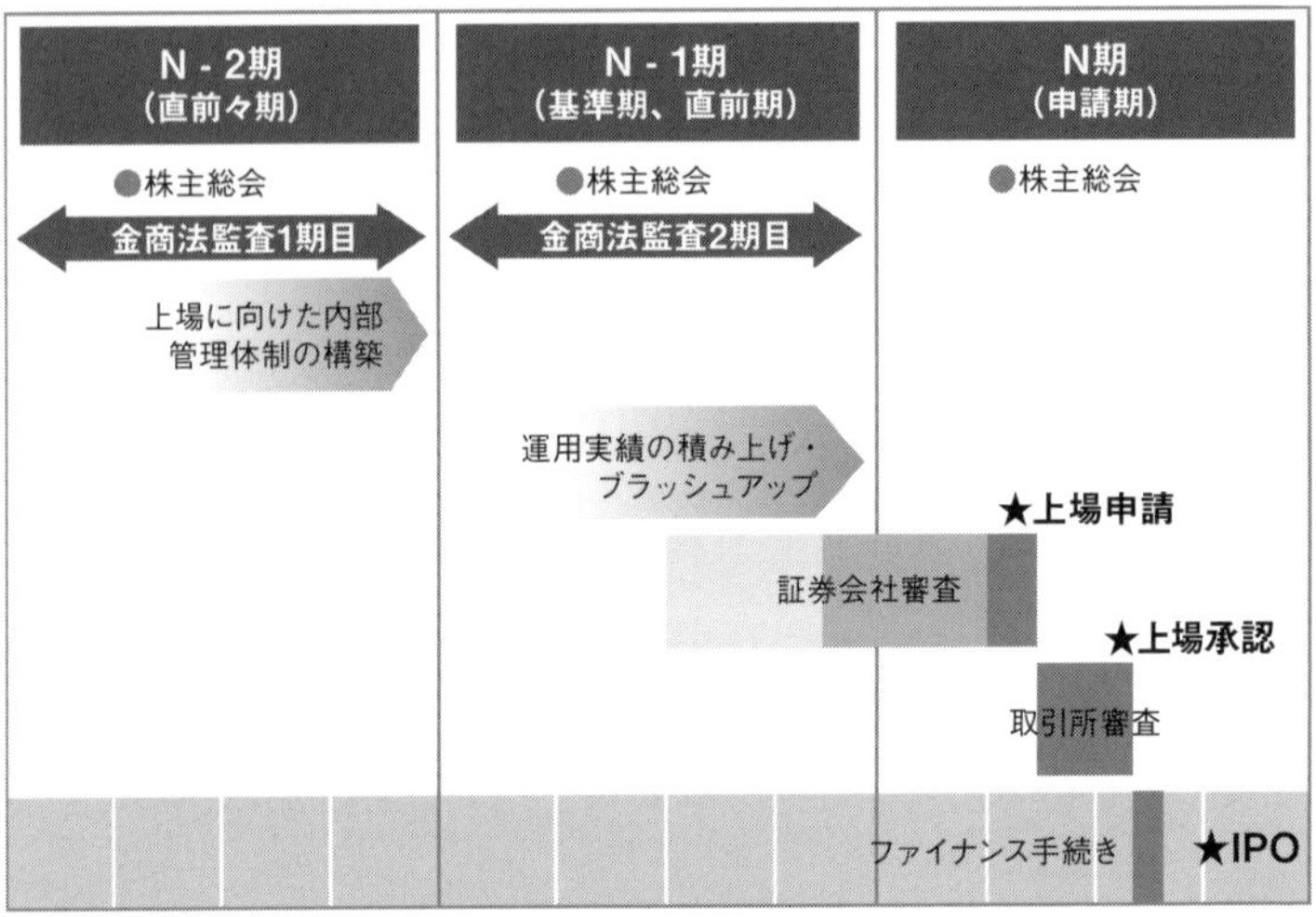

までも目安であり、上場準備をスタートした段階である程度内部管理体制が整っている会社なら期間が短くなることもあり、準備に時間がかかればスケジュールが長くなる可能性もあります。

ちなみに、上場を申請するためには金商法に基づいて原則として監査法人等による2事業年度以上の財務諸表に対する監査証明を受けなくてはなりません。したがって、過去に金商法に基づく会計監査を受けてこなかった会社は、必然的にＩＰＯまでの期間が最低2年以上かかることになります。

キックオフミーティングからファイナンスまで IPO準備の7つのステップ

ステップ① キックオフミーティング

ここからは、上場準備の具体的な内容について詳しく解説していきます。

【図4】に示したように、上場準備には大きく7つのステップがあります。

IPO準備会社と主幹事証券会社がアドバイザリー契約を交わした後、最初に行なうのはステップ①のキックオフミーティングです。

このミーティングは、IPO準備会社のプロジェクトチームメンバー、主幹事証券会社、監査法人といった社内外の主要なメンバーが一堂に会する、最初の顔合わせです。それぞれのチームやメンバーの役割について理解するほか、関係者全員による目的意識の共有、スケジュールの共有、上場に向けた課題・留意事項の事前認識の摺り合せなどを目的としています。経営者の方や、プロジェクトを指揮するCFOなどのプロジェクトリーダーにとっては、「いよいよこれからIPOへの準備が本格的に始まるのだ」と、身の引き締まる思いがする瞬間ではないかと思います。

図4-1 ステップ❶ キックオフミーティング

- IPO準備会社、監査法人および証券会社等の関係者全員で、プロジェクト開始にあたってキックオフミーティングを開催する。
- 関係者全員による目的意識の共有、スケジュールの共有、上場に向けた課題・留意事項の事前認識を主な目的とする。

キックオフミーティング式次第（イメージ）

1. プロジェクトメンバーのご紹介
2. スケジュール案
3. 現時点で想定される主要な課題
4. ○○社長より決意表明

<ご参考資料>

①上場準備のポイント
②上場審査の流れ
③最近のIPOの動向

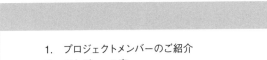

ステップ❷ 基礎資料を提出する

キックオフミーティングの終了後、ＩＰＯ準備会社は、主幹事証券会社に提出する基礎資料を用意します。

用意する資料は、主なものだけでも、登記事項証明書、計算書類や事業報告、税務申告書や勘定科目明細、株主名簿、株主総会資料、取締役会資料、年度予算や中期経営計画など、多岐にわたります。

これらの資料は種類が非常に多く、そもそもこれらの資料が整っていない、存在すらしない会社もありますが、あらゆる角度から会社の現況を把握し、上場への障害となる課題を探り出すためには、これらの資料の確認が欠かせません。

主幹事証券会社の引受担当者は、いただいた基礎資料を読み込んだうえで、ＩＰＯ準備会社にヒアリングを行ない、課題の整理と解決の優先順位をつけ、上場準備の進め方を検討します。

図4-2 ステップ❷ 基礎資料を提出する

- キックオフミーティング後、「基礎資料」を提出する。
- 主幹事証券会社（引受担当者）は、資料を確認し、今後の上場準備を進めるうえでの優先順位等を検討する。

基礎資料（抜粋）

1. 登記事項証明書
2. 計算書類、事業報告、付属明細書
3. 税務申告書、勘定科目明細
4. 役員の経歴書
5. 定款を含む諸規程集
6. 株主名簿
7. 組織図
8. 株主総会招集通知、株主総会議事録
9. 取締役会議事録
10. 監査役監査資料
11. 内部監査資料
12. 月次業績管理資料
13. 監査法人によるショートレビュー報告書
14. 年度予算、中期経営計画
15. 関連当事者取引のわかる資料

…等

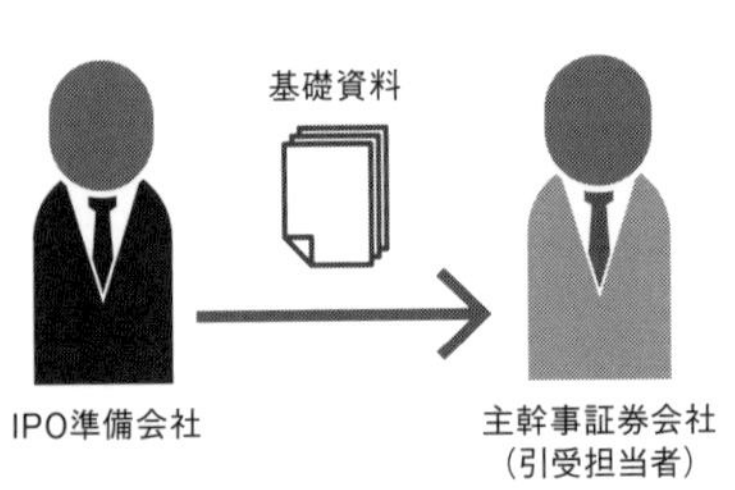

ステップ❸ 事前準備が始まる

基礎資料が整い、対応する課題の優先順位が決まったら、いよいよそれを解決しながら上場企業にふさわしい体制を整え、証券取引所審査に臨むための事前準備が始まります。

それぞれの課題ごとに、IPO準備会社と主幹事証券会社が複数回にわたりミーティングを開催し、解決策を検討します。解決策が決まったら、ある程度の期間、実際に運用していただき、課題解決に結びついているかどうかを検証します。また、主幹事証券会社は、経営管理体制のみならず、エクイティ・ストーリー（会社の成長ストーリー）の検討、資本政策の立案や実行についても提案し、IPO準備会社と協議を重ねます。

この間、引受担当者は、電話やメール、直接の面談など頻繁に連絡を取り、進捗状況の把握や、新たな課題が浮かび上がった場合の解決策の提案などを行ないます。

証券取引所審査までの事前準備期間は、1年から1年半程度が目安ですが、課題が多い会社や複雑な課題を抱えている会社の場合は、さらに長い期間を要することもあります。

創業して間もない会社や、管理体制が十分に整っていない会社の経営者は、「体制を整えるまでには相当な時間がかかりそうだ」と途方に暮れるかもしれません。

「しかし実際のところ、上場会社になるだけの体制を整えた企業が100点だとすると、事前準備を始めた時点では、ほとんどのIPO準備会社が30〜50点ぐらいからスタートするものです。ですから、『あまりにもゴールは遠い』と不安に感じられる必要はありません。わたしたちはお客さまが課題を一つひとつ解決し、それぞれのお客さまに合った形で管理体制を整えていけるよう、事前準備の期間を通してしっかりとお手伝いします」と語るのは、公開引受部次長（取材時）の横山千絵です。

引受担当者は、上場に向けて解決すべき課題の抽出や、解決のためのアドバイスを行なうだけでなく、必要と判断すれば、課題を速やかに解決するためのリソース獲得なども支援しています。「たとえば、上場準備プロジェクトチームの動きがバラバラで、課題解決がなかなか進まないというのなら、外部からＩＰＯの実務経験が豊富な人材を探し出し、プロジェクトリーダーとしての採用をお勧めすることもあります。経験豊富なプロジェクトリーダーが指揮を執ることで、膨大な課題や複雑な課題がよりスムーズに解決されていくケースも珍しくありません」（横山）

また、今後の事業展開をサポートするためのビジネスパートナーを紹介することもあります。わたしたちは、大企業からベンチャー企業まで、国内から海外まで、あらゆる産業界を幅広く網羅するネットワークを持っています。そのネットワークをフルに生かして、ＩＰＯの事前準備を進めるお客さまに、さまざまなリソースを提供できることも、わたしたちの強みのひとつであると思っています。

図4-3 ステップ❸ 事前準備が始まる

- テーマを決めて、IPO準備会社と主幹事証券会社（内容に応じて監査法人）でミーティングを開催し、IPOに向けた体制整備等を進める。
- エクイティ・ストーリーや資本政策の検討も行なう。

主なミーティング内容

上場に向けた課題・留意事項抽出

↓ テーマ…経営組織・内部管理体制、経理体制、内部監査体制、監査役監査体制、予算統制、労務管理の状況確認、資本政策等

解決策に関する協議・アドバイス

↓

整備状況のご確認

＋

資料の作成とそのサポート・アドバイス

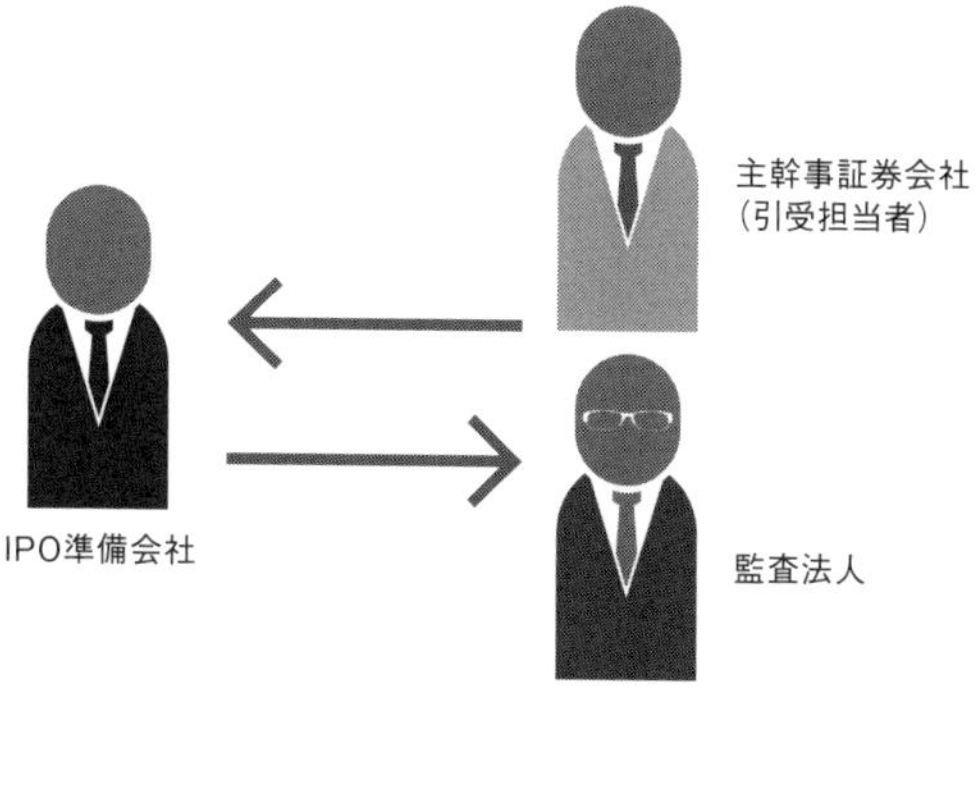

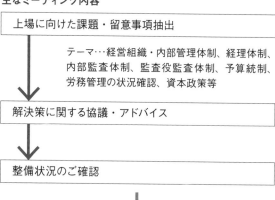

ステップ❹ 証券会社による審査

ＩＰＯ準備会社の上場申請に向けた事前準備が一定程度進んだところで、証券会社審査が始まります。

証券会社審査は、それぞれの主幹事証券会社が社内に置いている審査部門が行ないます。野村證券では、引受審査部という部署が担当します。

引受審査部は、上場準備を支援する営業部門や公開引受部とは組織体制面でもオフィス環境面でも〝壁〟で隔たれた部門であり、独立した立場からＩＰＯ準備会社の審査を行ないます。

審査は、ＩＰＯ準備会社が審査に必要な資料一式を引受審査部に提出して始まり、書面でのQ&Aやヒアリング等を通じて行なわれます。ＩＰＯ準備会社は、公開引受部とともに、審査で抽出された課題の改善策を協議し、改善に取り組みます。証券会社審査が終了すると、次はいよいよ証券取引所に上場を申請し、証券取引所審査を受けるステップへと進みます。

当社が行なう審査の内容や流れは、証券取引所審査とほとんど同じです。本番さながらの審査を行なうことで、経営者やＩＰＯ準備事務局の方々に質問事項への回答の仕方や、ヒアリングへの対応の仕方を実践的に経験していただくのです。

引受審査部長（取材時）の川添彩は、「質問書の項目は多岐にわたりますし、ヒアリングでは、経営者と親族との関係や、社用車利用面での公私混同の有無など、かなり突っ込んだ話もうかがいます。『そんなことまで聞かれるのですか？』と驚かれる経営者の方も多いですね。けれども、ここで取引所が上場会社に求めている主旨を理解いただければ、さらなる成長に向けた得難い機会になると受けとめていただけるのではないかと思います」と語ります。

また、当社では早い段階で課題を抽出し、指摘しますので、改善にも早めに取り組んでいただくことができます。これにより、IPO準備会社にとっては、大きな課題ほど時間をかけて改善対応に当たれることになり、証券取引所審査に入るスケジュールが先延ばしされるリスクを極力減らすことができるのです。

図4-4 ステップ❹ 証券会社による審査

- 事前準備が一定程度進むと、主幹事証券会社の審査部門による審査が始まる。
- 審査の結果を踏まえ、最終的な体制準備を行なう。

証券会社審査の流れ（野村證券の場合）

IPO準備会社	→	主幹事証券会社	審査資料一式を提出する
主幹事証券会社	→	IPO準備会社	質問書を提示する
IPO準備会社	→	主幹事証券会社	回答書を提出する
主幹事証券会社	→	IPO準備会社	審査打ち合わせ会 社長・監査役・監査法人ヒアリング
主幹事証券会社	→	IPO準備会社	審査結果のご報告（課題の報告）

↓

課題の改善、最終的な体制整備につなげる

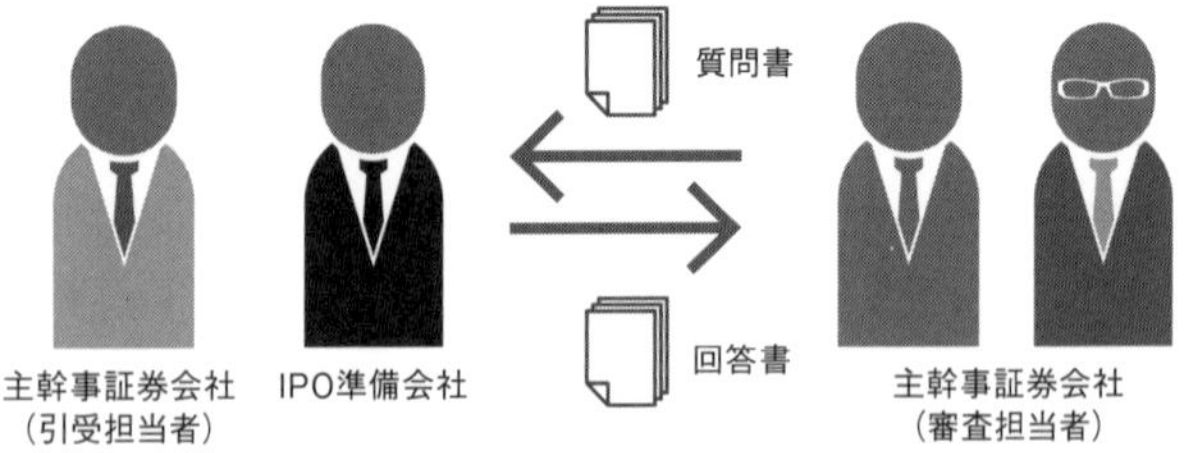

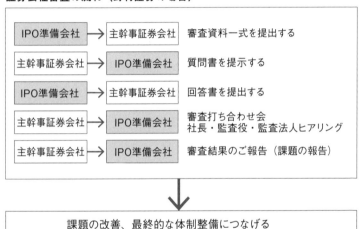

ステップ❺ 上場申請

証券会社による審査が終了したら、いよいよ証券取引所に上場申請を行ないます。

上場申請日には、ＩＰＯ準備会社が証券取引所審査に必要な書類（上場申請書類）をすべて整え、証券取引所の審査担当者に手渡します。

この時、審査担当者からは、証券取引所審査のスケジュールや審査内容、審査の進め方などについて説明されます。一方、ＩＰＯ準備会社の担当者は、上場申請理由や会社の沿革、事業内容、業界の状況などについて説明し、その内容を受けて、審査担当者から追加の質問などが行なわれます。所要時間は、おおむね2～3時間といったところです。

図4-5 ステップ❺ 上場申請

- 証券会社審査終了後、申請書類を整えて証券取引所へ上場申請する。

上場申請日の流れ

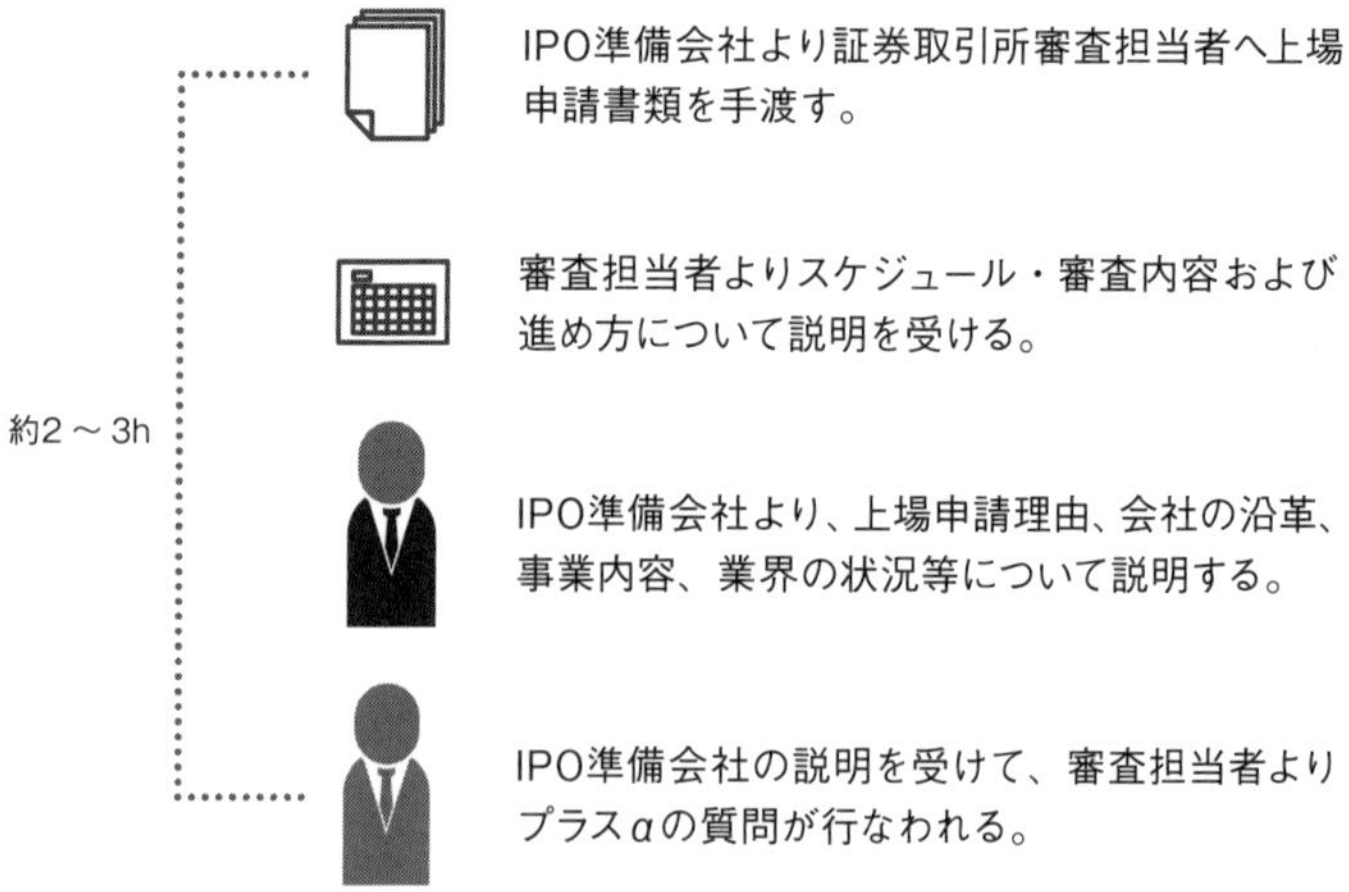
IPO準備会社より証券取引所審査担当者へ上場申請書類を手渡す。

審査担当者よりスケジュール・審査内容および進め方について説明を受ける。

約2～3h
IPO準備会社より、上場申請理由、会社の沿革、事業内容、業界の状況等について説明する。

IPO準備会社の説明を受けて、審査担当者よりプラスαの質問が行なわれる。

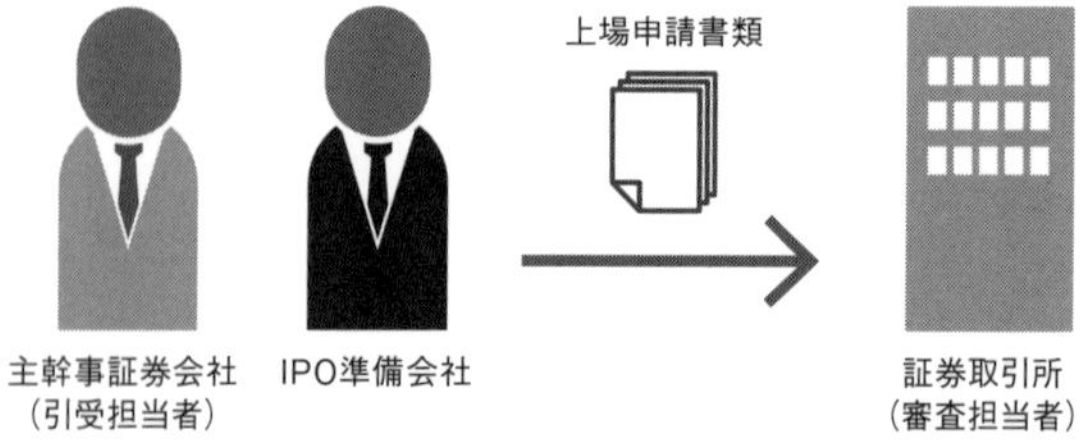
上場申請書類
主幹事証券会社
（引受担当者）
IPO準備会社
証券取引所
（審査担当者）

ステップ❻ 証券取引所審査

上場申請を受理すると、証券取引所は上場審査（取引所審査）を開始します。

審査の内容および流れは、取引所から提示された質問への回答およびその内容についてのヒアリング、経営者や監査役との面談、監査法人へのヒアリング、本社や店舗、工場、支社等の実地調査などで、すでに経験済みの証券会社審査と基本的に同じです。

審査の期間は、プライム市場・スタンダード市場への上場申請の場合は3か月程度、グロース市場への上場申請の場合は2か月程度です。

ちなみに野村證券の場合、証券取引所によるヒアリングには、原則として公開引受部の担当者が同席し、審査質問の意図を解説するなど、ヒアリングが滞りなく進むようフォローします。

うまく答えられない質問を審査担当者から投げかけられることもあるかと思いますが、これまで数多くのヒアリングに立ち会ってきた経験を生かしながら、側面支援します。

図4-6 ステップ❻ 証券取引所審査

■ 東証グロースの審査期間は約2か月であり、下図のような流れで審査が進む。

証券取引所審査の流れ（モデルスケジュール）

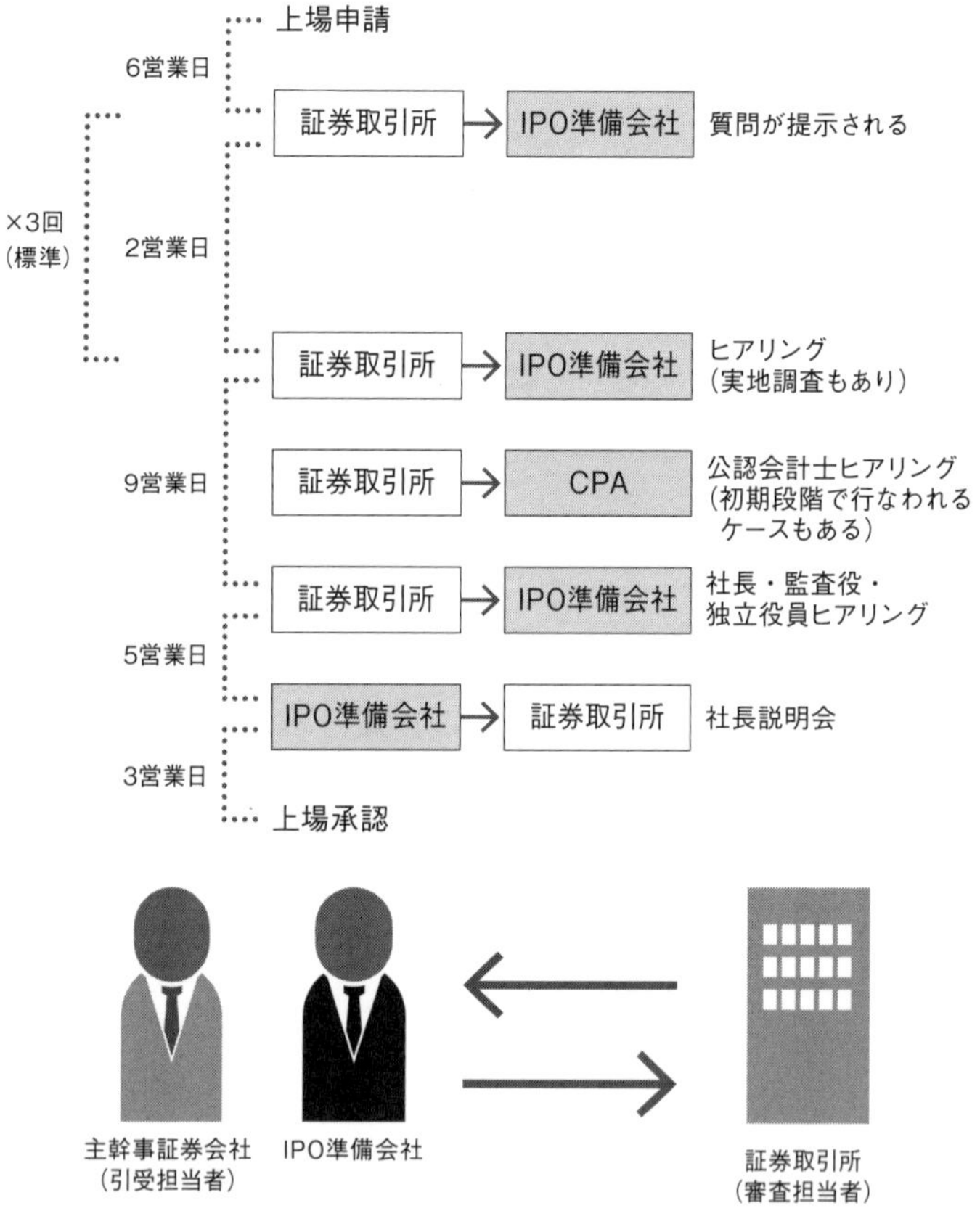

ステップ❼ ファイナンス手続き

証券取引所審査が終わり、上場承認を得ると、いよいよファイナンス手続きに入ります。ここでのメインイベントは、公開価格の決定に至る一連のプロセスです。

通常は、上場承認を得る3～4か月ほど前から審査対応と並行してファイナンスの準備がスタートします。

公開価格は、一般的に①想定公開価格の決定、②ロードショーの実施、③仮条件価格の決定、④ブックビルティングの実施という4つのプロセスを経て決定されます。

想定公開価格とは、IPO準備会社の企業評価等をもとに、主幹事証券会社とIPO準備会社の間で合意された価格であり、通常、上場後の株式市場における想定時価総額を算出したうえで、募集による増加分等を考慮した発行済株式数を用いて1株当たりの価格を割り出し、さらに一定の調整を考慮して算定します。

一定の調整を行なうのは、新規公開株は取引実績や情報などが限られ、投資家が情報収集や分析をしにくい、上場承認の日から上場日までの株式市況が変動するリスクを吸収する、IPO後の安定的な株価形成に資するなどの理由があります。

上場承認を受け、IPOを公表したら、IPO準備会社の経営者やCFOは、主要な機関投資家を直接訪問して、事前に主幹事証券会社と一緒に作りこんだエクイティ・ストーリーを伝えます。これがロードショーです。

ロードショーでは、機関投資家に自社の事業内容や業績、財務状況、今後の事業戦略などについての説明を行ない、その銘柄を魅力的に感じたのか、いくらなら何株買ってみたいと思っているのか、といった感触を得ます。

こうして機関投資家から寄せられた投資判断、機関投資家が示した株価とその算定根拠、評価点や懸念点などのコメントをもとに、仮条件価格が決定されます。

仮条件価格が決まったら、次はブックビルディング（需要の積み上げ）を行ないます。仮条件価格には、「1000円〜1100円」「2200円〜2500円」といった幅が設けられています。これを投資家に提示し、「いくらで何株買いたい」という注文を積み上げていくことによって、最も適正と思われる価格を探り出し、公開価格を最終決定します。

以上のように、ロードショー、ブックビルディングと、二度にわたって投資家動向を反映させることによって、適正な公開価格が決定されることになります。

公開価格を最終決定する役割を担う部署は各証券会社によって異なりますが、野村證券では、シンジケート部が公開価格決定に至るまでのすべてのプロセスにコミットし、新規公開株の販売についても責任を負っています。
シンジケート部マネージング・ディレクター兼エクイティ・シンジケート課長（取材時）の村上朋久は、「公開価格の決定にあたっては、発行会社と投資家のどちらかに利益が偏りすぎることがないように、中立的な立場で最終決定することを心がけています。発行会社と投資家の双方にとって納得できる価格こそが『正しい公開価格』であり、それをしっかりと提示することが、リーディング・カンパニーとして資本市場にかかわる野村證券の使命であると理解しているからです」と語ります。

ここまで一般的なプロセスをご説明しましたが、本書冒頭に記載したとおり、公開価格の決定に至る一連のプロセスは、日本証券業協会の「公開価格の設定プロセスのあり方等に関するワーキング・グループ」報告書（２０２２年２月）に示された改善策が実現することにより、全体的に柔軟かつ日程短縮も可能なプロセスに変わることが予定されています。ここでは、改善策の一例をご紹介します。

現在、上場承認とＩＰＯの公表（有価証券届出書の提出）が同日に行なわれていますが、上場承認前にあらかじめ有価証券届出書を提出して実務の一部を前倒しで行なうことも可

図4-7 ステップ❼ ファイナンス手続き

- 証券取引所による上場審査と並行して、上場時のファイナンス（公募・売出）に向けた想定公開価格の協議も行なわれる。

公開価格決定に至る一連のプロセス

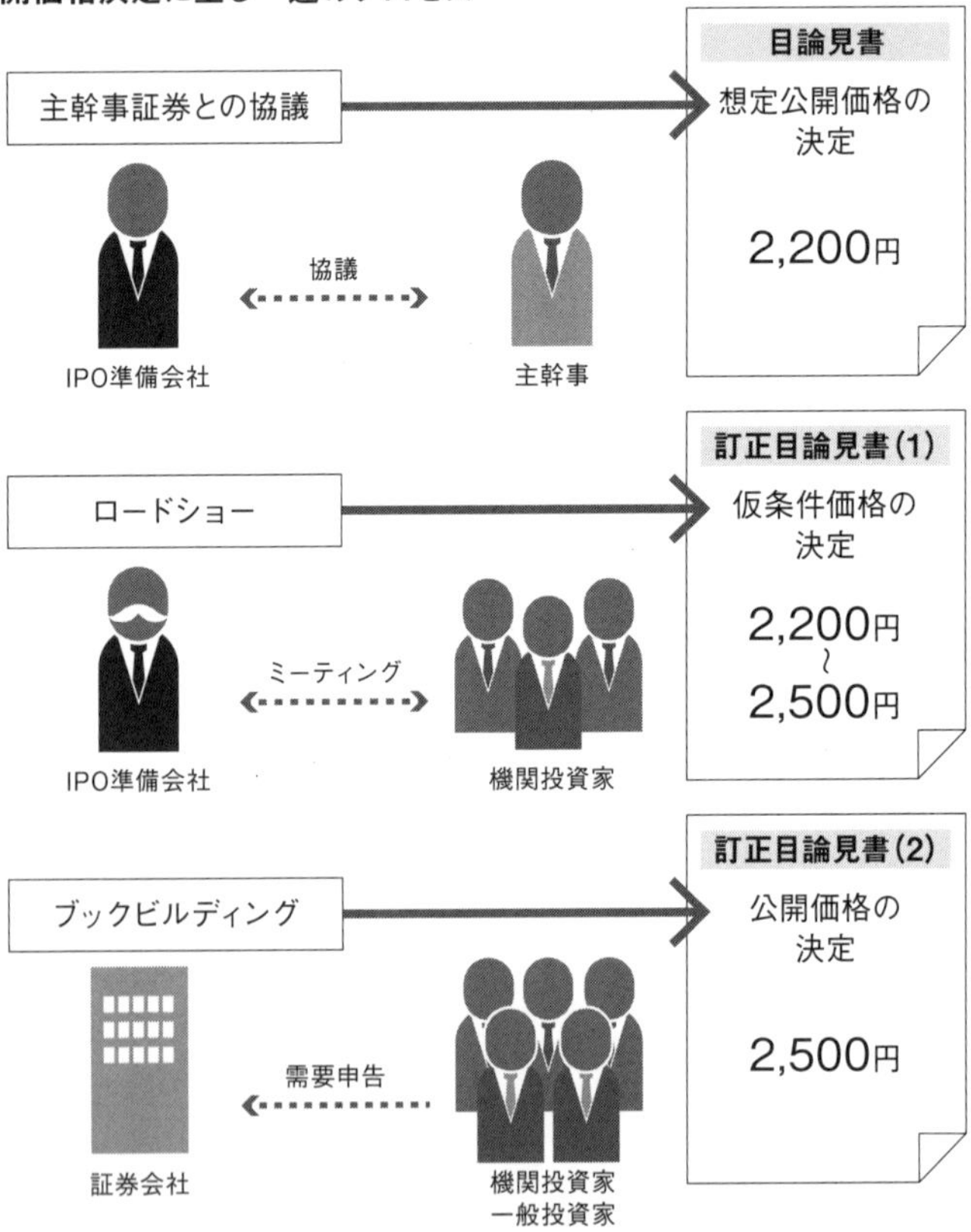

能とすることが検討されています。これにより、上場承認日から上場日までの期間を短縮することや、上場承認前まで機関投資家とコミュニケーションして、得られたフィードバックを参考にファイナンスの概要を決定することも可能になる予定です（２０２３年３月時点で検討中）。また、これまで、公開価格は仮条件の範囲内で決定されていましたが、ブックビルディングにおける投資家の需要等に応じて、「一定の範囲」であれば、仮条件の範囲外であっても再度ブックビルディングすることなく公開価格を決定することが可能になることが予定されています。売出株式数についても同様に、公開価格決定時に「一定の範囲」の変更が可能になることが予定されています（いずれも２０２３年２月に日本証券業協会が規則改正を公表。施行日並びに「一定の範囲」については、今後決定される）。さらに、従来、特定の日としていた上場日を変更することも可能になることが予定されています。

これにより、ブックビルディング期間中に仮条件や株数を訂正し、再度ブックビルディングを行なうような上場日の後ろ倒しも選択肢としながらＩＰＯを執行できるようになる見込みです（２０２３年３月時点で検討中）。この他にも、発行会社がＩＰＯ時に機関投資家へ割り当てることを希望する場合のルールの整備（２０２２年６月に日本証券業協会が規則改正を公表し、同年7月に施行済）や、証券会社がロードショーのフィードバックやブックビルディングの需要情報を発行会社へ提供する際に原則として投資家名を実名で提供するためのルール整備（２０２３年2月に日本証券業協会が規則改正を公表。施行日については、今後決定される）も進められています。

以上のような改善策は、これまでご説明した一般的なプロセスに加えて選択できるようになると考えられています。柔軟性の獲得と比例して相応に実務上の負荷も高くなるため、主幹事証券会社と相談しながら選択していくことになります。

◉そして、ついに株式上場へ

こうして公開価格が決定し、新規公開株の販売が完了すると、その数日後には晴れて新規上場の日を迎えます。経営者はもちろん、山積する課題を克服し、数年がかりで上場準備を進めてきたプロジェクトチームのメンバーにとっては、おそらく万感の思いがこみ上げてくる瞬間ではないでしょうか。

テレビの経済ニュース番組などでもよく放映されるように、東京証券取引所に新規上場を果たした企業の関係者は、証券取引所のオープンプラットフォームという場所に招待され、「上場記念セレモニー」に参加します。東証の経営陣やスタッフらのスタンディングオベーションによって迎えられ、上場通知書の授与式や、上場の鐘を打つセレモニーなどが厳かに執り行なわれるのです。

経営者等の役員だけでなく、上場準備で苦労を重ねたプロジェクトチームのメンバーなども打鐘に参加するケースが多く見られます。満面の笑みや涙を浮かべながら鐘を叩く社員の方々の姿を見るのは、感動のひと言に尽きます。

じつは、わたしたちは、上場日当日の朝、この東証のセレモニーの前に、当社を主幹事証券会社として選んでくださったお客さまを野村證券の大手町本社にお迎えしています。

このビルには広大なトレーディングフロアがあり、それを見下ろすひとつ上のフロアに、大切なお客さまをお招きする部屋を設けています。ここに新規上場を果たされたお客さまをお迎えして、モニターに記念すべき初値が表示されるのをご覧いただくのです。

実際に初値がついた瞬間の感動は、おそらく一生忘れることのできない思い出として胸に刻まれることでしょう。

わたしたちにとっても、その瞬間をお客さまと一緒にお迎えできることは、何物にも代え難い大きな喜びです。

いいパートナー選びが「はじめの一歩」
IPOの成否は主幹事証券会社によって決まる

取材・文　ダイヤモンド社出版編集部

IPOを実現するためには、それを支援する主幹事証券会社や監査法人、弁護士や社会保険労務士といった外部パートナーとの緊密な連携が欠かせません。

なかでも上場準備をトータルに支援する主幹事証券会社は非常に重要なパートナーであり、どの証券会社に主幹事を任せるかによって、IPOの成否が分かれることもあるようです。

そうしたなか、野村證券がIPOのリーディング・カンパニーであり続ける理由は何でしょうか？

同社で上場準備を支援するキーパーソンや、野村證券を主幹事証券会社に指名してIPOを実現した企業へのインタビューを通じて、その秘密を探ってみました。

─そもそも主幹事証券会社とは何か？─

その前に、まずはIPOプロジェクトにおける主幹事証券会社の役割について、改めて整理をしておきたいと思います。

主幹事証券会社とは、上場準備のスタート段階から上場後に至るまで、発行会社の成長を長期間にわたって支援する重要な外部パートナーです。

一般には、発行会社が上場を果たしたら、主幹事証券会社はその役目を終えると認識している人が多いようですが、そうではありません。上場後も、公募増資等によるさらなる資金調達や、IR（インベスター・リレーション、投資家向け広報活動）、M&A、事業提携といった発行会社の活動を支援し続けます。

野村證券の公開引受部長は、「IPOは、お客さま（発行会社）の成長ストーリーにおける通過点のひとつにすぎません。ですから、上場後も引き続き成長をお手伝いするのは、主幹事証券会社にとって当然の責務です」と語ります。

スピーディーな成長や、より大きな成長を実現するためには、経営者に追加の資金調達や企業買収などの意思決定が迫られることもありますが、「わたしたちはリーディング・カンパニーとして、そうした上場後のお客さまのニーズにも柔軟かつ十分に対応できる体制を整えています」（公開引受部長）。

このように主幹事証券会社は、発行会社にライフタイムで伴走する重要な外部パートナーとなるわけですが、IPOは、いわばそのスタートラインであると言えます。

図5 主幹事証券会社の機能

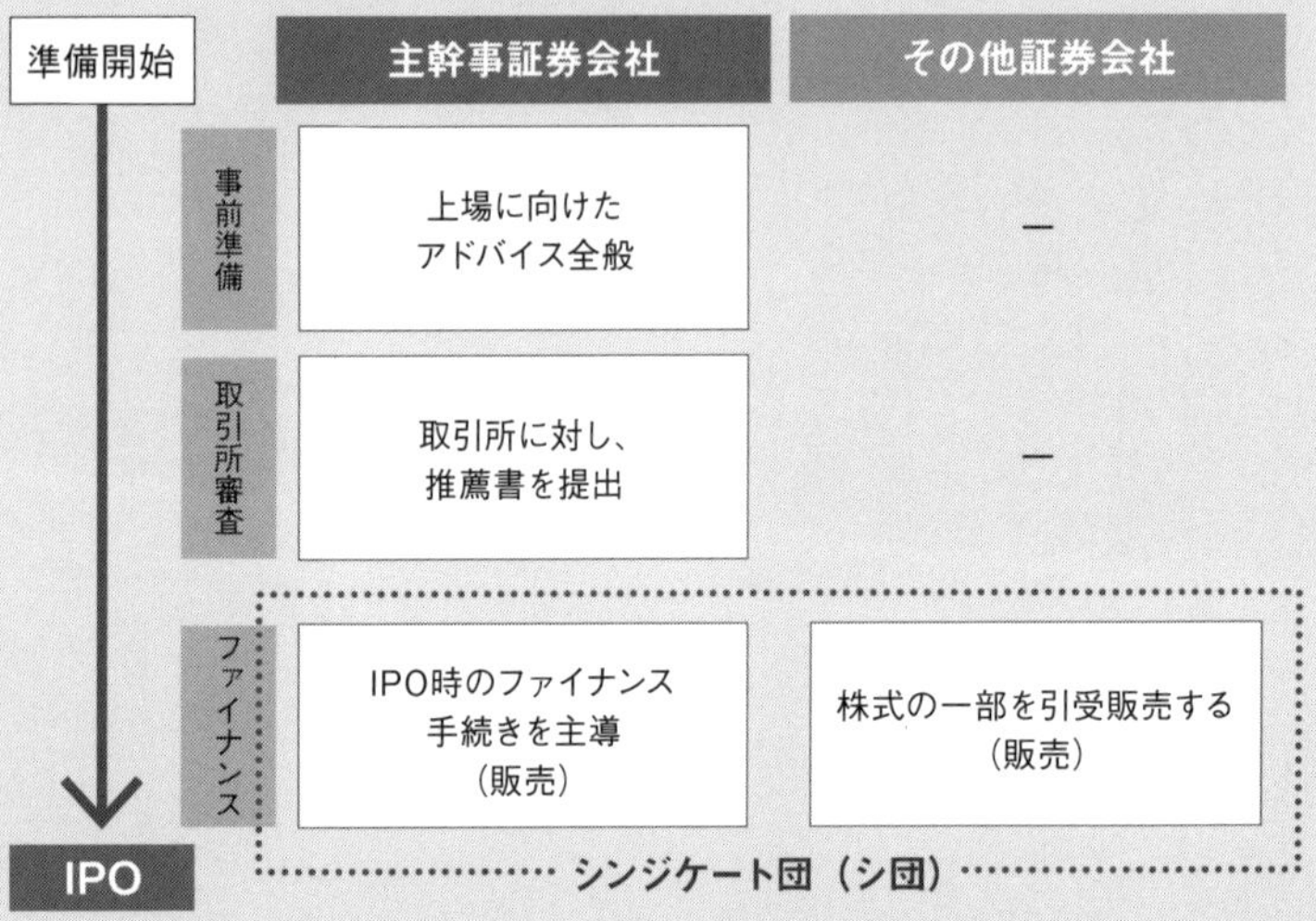

【図5】は、主幹事証券会社の主な機能をまとめたものです。

上場準備に際しては、発行会社によるエクイティ・ストーリーや資本政策の立案、上場企業としてふさわしい内部管理体制の整備、上場申請書類の作成、証券取引所審査に向けた支援、証券取引所や財務局など関連諸機関との折衝のサポートなどを行ないます。

また主幹事証券会社には、証券取引所に発行会社の上場を申請するにあたり、幹事取引参加者として、発行会社の経営者の見識、内部管理体制や業績などを十分に調査したうえで、推薦書を提出することが求められています。

さらにファイナンスの実施にあたり、

前述のとおり、エクイティ・ストーリーの構築やロードショーのサポート、発行会社による公募・売出株式の引き受け、引受シンジケート団の組成、国内外の投資家への株式販売等のファイナンス・ストラクチャーの検討、実施、公開価格の決定においても中心的な存在として重要な役割を担います。

ちなみに、引受シンジケート団（シ団）とは、複数の証券会社で構成される公募・売出株の販売グループのことです。主幹事証券会社は公開価格を決定するだけでなく、シ団を組成し、そのメンバーである証券会社（引受証券）にも公募・売出株の一部を販売してもらうようにアレンジします。

毎年数十社のＩＰＯに携わる野村の強みとは？

野村證券が、毎年数十社のＩＰＯの主幹事を務めることができる大きな理由のひとつは、その支援体制にありそうです。

たとえば、野村證券でＩＰＯを担当するお客さま担当部署は、ＣＦ各部の他に、全国支店の企業金融課や、地元の法人顧客から受けたＩＰＯの相談に対応する法人開発部上場サポート課など、全国を網羅しています。

また、ＩＰＯ準備に関するプロジェクトを主導する公開引受部は、東京だけでなく、名古屋・大阪にもスタッフを擁しており、国内の証券会社では最大級の規模を誇ります。このように、IPO候補企業へのアプローチや、その上場準備を支援するための大きな〝受け皿〟が整っていることが、多くの企業に主幹事として指名される土台となっているのでしょう。

これほどの陣容を実現できているのは、過去からIPO支援のための十分な体制を維持し続けてきたからだと言えそうです。

公開引受部長は、「わたしたちは、経済状況や市況の変化にかかわらず、継続的にIPOを希望される企業を支援し続けることが日本経済のためにも必要だという信念のもと、十分な支援体制を維持し続けてきました」と語っていますが、これが専門人材の育成や、経験・知見の継承にも結びついているようです。いったんIPO支援事業から撤退すると、また最初から体制づくりや人材育成を行なわなければなりません。

これに対し、継続的にIPO支援サービスを提供してきた野村證券には、豊富な経験を積んだ有能な人材や、膨大な件数のIPOを手がけてきたことによって積み上げられた知見や経験があります。

「当社が主幹事を務めてIPOを果たしたお客さまの数は、2000年以降だけでも約500社に上ります。数多くの経験の蓄積があるからこそ、不可能を可能にする多様な解決

策が提案できるのです」（公開引受部長）

野村證券によるＩＰＯ支援サービスは、社内および野村グループ内のさまざまな部門や関連会社の連携によって機能していますが、すべての関係者が同じスピリットを共有し、高度な専門性とプロ意識を持って総合的なサービスを提供していることも、リーディング・カンパニーとしての実績と高い信頼を支えているようです。

以下、野村證券でＩＰＯ支援サービスを担うプロフェッショナルたちの取り組みや思いに迫ってみましょう。

ー未上場企業専門のリサーチ部隊──フロンティア・リサーチ部ー

野村證券が証券取引所に推薦したＩＰＯ候補企業のほぼすべてが上場承認を得ています。これは、上場準備への支援が非常に行き届いているからだと思われますが、さらに言えば、アドバイザリー契約を交わす段階で、ＩＰＯ候補企業とその企業の成長力や将来性などをじっくりと話し合っていることも、このような結果に結びついているようです。

アドバイザリー契約を交わす段階で、重要な役割を果たしているのが、フロンティア・リサーチ部です。

フロンティア・リサーチ部長の大森琢也は、「証券会社のなかで、グループ内に未上場企業専門の調査機能を抱えている会社はあまりありません。なかでも当社は、圧倒的な未上場企業の調査履歴を持っています」と語ります。それほど多くの調査経験と、膨大な企業評価のデータベースを持っているからこそ、経営力や成長性などを綿密に評価できるのでしょう。

またフロンティア・リサーチ部は、IPO候補企業の事業内容や業界動向などの調査に基づいて、より大きな成長やスピーディーな成長を実現するためのエクイティ・ストーリーづくりを支援するサービスも提供しています。

「現状のままでは十分な成長が期待できず、資本政策やビジネスモデル、経営計画などを見直す必要があると判断した場合は、その具体的なストーリーを描き出すことによって、未上場企業の経営者に課題解決へのヒントを得ていただくのです」（大森氏）

フロンティア・リサーチ部の未上場企業専門のアナリストたちは、調査活動を通じてITをはじめとするベンチャー企業と広範な人脈を形成しており、そのネットワークを使って、エクイティ・ストーリーを実現するために必要な業務提携や技術提携などのアレンジをすることもできるそうです。

たんにIPO候補企業を評価するだけでなく、IPOの実現に近づけるための重要な役割も担っているわけです。

「野村の審査は厳しすぎる」は本当か？

ところで、野村證券をめぐっては、「ほかの主幹事証券会社に比べて、審査の内容が厳しすぎるのではないか？」といった声を耳にすることもあります。

「あえて厳しく対応することによって、主幹事に指名しようとする企業へのハードルを高くし、野村のブランドを保とうとしているのではないか」とか、「上場承認の成功率を高めるため、IPO候補企業をふるいにかけるべく、厳しい助言や審査を行なっているのではないか」という噂も、まことしやかに流れているようです。

これについて、「たしかに、当社の審査については厳しいと感じる方がいらっしゃるかもしれません。疑問に感じることを細かく突っ込んだり、事実関係の証左資料を求めたり、課題について厳しく指摘したりすることもあります。しかし、徹底した事実確認や常識と根拠・ルールに基づく審査が大切と考えており、そうした審査のスタンス・基本観は証券取引所審査でもまったく同じです。審査を行なっている企業に、無事に上場を果たしていただきたいという一心で、一生懸命取り組んでいるのです」と語るのは、野村證券で証券会社審査を担当する引受審査部長（取材時）の川添彩氏です。

「さらに言えば、わたしたちはIPO準備会社に上場時審査を通過してもらうためだけでなく、上場企業として投資家から求められる経営管理体制や成長性を備えているかどうかという視点でも審査を行なっています。企業にとって上場はあくまでも通過点であり、むしろ上場してからが本当の正念場です。主幹事証券会社の責務として、上場後も見据えて、本当に必要とされる支援を提供しなければならないと考えているのです。これは、野村證券でIPO準備を担当するスタッフに共通する思いです」（川添氏）

実際、先ほど述べたような噂がある一方で、川添氏のもとには「野村にお願いしてよかった。『当社の審査をきちんとクリアできれば、証券取引所審査も確実に通過できるはずです』という言葉に嘘はなかった」といった感謝の言葉も数多く寄せられていると言います。

野村の引受審査部では、客観性や透明性をもってIPO準備会社の審査に真摯に臨むことに徹しているそうです。だからこそ、厳しいという印象も与えるのでしょう。

しかしそれは、何より顧客のIPO実現と成長を全力で支えたいという強い思いがあるからこそだと思われます。

リーディング・カンパニーならではの頼もしいファイナンス力

野村證券を主幹事証券会社に指名する企業の多くは、上場準備支援の確かさだけでなく、引き受けた大量の公募・売出株をしっかりと売り切れるリーディング・カンパニーならではの圧倒的な販売力についても、大きな期待を寄せているようです。

国内外の主要な機関投資家と長く継続的な取引関係を持つ野村證券は、公募・売出株に対する機関投資家の需要状況や、上場後（セカンダリーマーケット）の需要を精緻に分析しながら、より適切な公開価格を決定できる力を持っています。

そうした頼もしいファイナンス力も、主幹事証券会社としての国内トップの地位を確かなものにしているようです。

主幹事証券会社はあくまでも中立的な立場で、発行会社と投資家双方の意向が折り合う水準の公開価格を決定しなければなりません。〝売り手よし、買い手よし〟の取引関係が成立しなければ、長い目で見てIPOが成功したとは言い難いからです。

野村證券でIPO候補企業のファイナンスにかかわるシンジケート部マネージング・ディレクター兼エクイティ・シンジケート課長（取材時）の村上朋久氏は、「実際のプライシング（価格決定）では、まず市場環境やセカンダリーマーケットを参考にした投資家の需要予測に基づいて想定公開価格を設定し、そこから実際に発行会社に投資家訪問をしていただき、そういった投資家からのフィードバックをもとに仮条件価格を設定、最終的にはブックビルディングの状況などを見ながら、どこまで公開価格を引き上げられるかを検討します。想定需要を先に考慮するのは、投資家にどれだけ『買いたい』と思ってもらえるかがIPOの成否を分けるからです」と説明します。

仮に発行会社側の意向に偏って想定公開価格を高めに設定すると、参加する投資家が減少し、需要が減って、期待どおりの公開価格の達成や必要とする調達額が得られなくなる可能性があります。「高く売りたい」と欲を出した分、かえって発行会社が損をしてしまうという結果に陥りかねないわけです。

「IPOには買い手が案件に参加せず、市場ですでに値がついている株式を購入するという選択肢があるため、どうしても〝買い手〟側が有利となるので、最初の段階では多くの投資家に興味を持ってもらえる想定公開価格を設定せざるを得ません。しかし次の段階では、そこから可能な限り価格を引き上げて、発行会社と投資家が互いに納得できる『正しい公開価格』に導いていきます。あくまでも中立的な立場から、双方の利益にかなうIPOの実現を目指しているのです」(村上氏)

このように客観性の高いプライシングを徹底しているのも、IPO市場の活性化を目指している野村ならではだと言えます。発行会社と投資家のそれぞれがウィン・ウィンの関係になることが、必ずや市場の発展に結びつくと信じているからです。

また、発行会社と投資家の双方にとって『正しい公開価格』であれば、多くの投資家がIPOに参加することによる需要の継続とともに上場後の株価は安定的に上昇し、長い目で見て発行会社の次の資金調達に有利に働く可能性が高まります。

村上氏は、「ファイナンスの業務は、発行会社の成長を直接的に支援する法人営業部門や公開引受部が行なう上場準備のアドバイスの業務とは一線を画すものですが、IPOを成功に導いて発行会社の成長を支援したいという思いに違いはありません」と語ります。

IPOを実現した企業に聞く、「野村を選んだ理由」

では、実際に野村證券を主幹事証券会社に指名した企業は、野村のどこに魅力を感じたのでしょうか？　いくつかの声を拾い集めてみました。

「当社のようなITベンチャー企業のIPOについても、実績のある野村證券なら適切なアドバイスが得られるのではないかと考えたのが選定の大きな理由でした」と語るのは、情報キュレーションサービス「グノシー」を運営するGunosyの伊藤光茂取締役CFO（取材時）です。

Gunosyは、情報キュレーションサービスの開発・運営会社として初のIPOを果たしていますが、「当時、まだ世の中にあまり認知されていない事業であったにもかかわらず、野村證券の方々は、その斬新さや将来性を十分理解してくれました。ほかの証券会社だったら、海のものとも山のものともわからないビジネスだと思われ、敬遠されたかもしれません。ITベンチャーに対する理解が深く、経験も豊富な野村證券だったからこそIPOが実現できたのだと思います」と伊藤氏は語ります。

伊藤氏はこのほか、公募・売出株の販売力や上場後のサポートにも頼もしさを感じたことなども、野村を選んだ理由に挙げました。

「もともとは別の証券会社に主幹事を依頼するつもりでした。しかし、野村證券の仕事に取り組む姿勢や専門性の高さを見て『レベルがまったく違う』と感じ、変更を決断しました。いまでは、野村にお願いして本当によかったと思っています」

これは、M&A関連サービスを行なうM&Aキャピタルパートナーズの中村悟代表取締役社長の言葉です。

「比べてみるとよくわかりますが、野村證券のIPO担当の方は、資料の見方、ポイントの押さえ方が非常にしっかりしていました。しかも、もともと主幹事を頼むつもりだった別の証券会社は、当社の希望は満たしているものの、現実的でない上場準備スケジュールを出してきたのですが、野村は着実に準備をこなしながら、当社の希望スケジュールは難しいこともしっかり説明してくれたうえで実現可能なIPOを目指せるスケジュールを提示してくれた点にも違いを感じました。やはり、実績と経験の豊富な証券会社に頼んだほうが間違いないと考え、最終的に野村を選んだのです」（中村氏）

結果スケジュールどおりに上場を実現できたことに、中村氏は満足しているようです。

また中村氏は、「最初は、当社のように小さなIPO案件には野村はかかわってくれないのではないかと思っていましたが、一生懸命やってくれることに感銘を受けました。小さな案件は後回しにされやすいという噂を聞いたこともあるのですが、そんなことはまったくありませんでした」と振り返ります。

「野村證券のIPO営業担当の方は、当社が上場を決断する10年以上も前から、頻繁に当社に顔を出してくださっていました。その都度、『上場するつもりはないよ』と言って断り続けてきたのですが、経営者がその熱意の強さに押されて、とうとう上場を決断しました」と語るのは、プリントシール機事業などを展開するフリューの三嶋隆専務取締役（取材時）です。

MBOによる会社設立以来、最優先課題として財務体質の強化に取り組んできたフリューには、さほど大きな資金調達ニーズはなく、また管理体制もしっかり整っていました。

そのため、「上場する理由はあまり見当たらなかった」(三嶋氏)のですが、野村の営業担当者から、「上場すれば、新しい出資者や提携先との出合いによって、ビジネスの可能性はさらに広がり、一段上の成長が期待できるはず。富士山に登って見える景色は、登ってみなければわかりませんよ」と言われたことに、同社代表取締役社長(取材時)の田坂吉朗氏が感銘を受け、上場を決断したのだそうです。

「ほかの証券会社からも営業を受けましたが、そのほとんどは二、三度断っただけで来なくなってしまいました。野村證券の営業担当者は、当社の可能性を高く評価し、上場すればもっといい会社になると確信したからこそ、粘り強く足を運んでくれたのでしょう。上場するかしないかの決断には最後まで悩みましたが、主幹事を決める時には、迷うことなく野村を選びました」(三嶋氏)

「公認会計士として、かつて別の会社のIPO準備に何度かかかわったことがありますが、その経験から見ても、野村證券の上場準備支援はレベルが違うと感じました」と語るのは、貸会議室などの「空間シェアリングビジネス」を展開するTKPの中村幸司取締役最高執行責任者(COO・取材時)です。

同社は主幹事証券会社を決めるにあたってコンペを実施していますが、「提案内容が非常に優れていて、IPOのみならず、上場後の企業価値をいかに高めていくかという先を見据えた内容になっていることを高く評価しました」（中村氏）

またTKPは、上場を決定してから1年足らずという非常に短い期間でIPOを実現するというスケジュールを描いていました。「サポート力の高さに定評のある野村證券なら、必ずやスケジュールどおりに実現させてくれるだろうと考えたことも、指名の大きな決め手となりました」（中村氏）

ほかの会社のIPO準備で証券会社審査を経験したことのある中村氏は、「野村の証券会社審査が特別に厳しいという実感はありませんでした。むしろ、しっかり審査していただき、本番の取引所審査に問題なく臨めたからこそ、スケジュールどおりの上場が果たせたのだと感謝しています」と語ります。

「IPO時だけでなく、上場後に資本市場とどのような関係を築いていけば、よりよい結果がもたらされるのかという、長い目で見た提案やアドバイスを受けられるのが野村證券のいいところだと思います」と語るのは、障害者の就労支援や発達障害のある子ども向けの教育事業などを手がけるLITALICO（りたりこ）の坂本祥二取締役（取材時）です。

「たとえば、われわれ発行会社と投資家の双方の利益に配慮しながら、中立的な立場で公開価格を決定するというプライシングの考え方にも、そうした野村らしさを感じました。われわれ発行会社は、投資家の方々とどう向き合っていくべきなのかということを学ぶ貴重な機会が得られたと思っています」と坂本氏が言うように、野村との上場準備においては、学びを得ることも多かったようです。

また、野村證券の上場準備支援に対する真摯な姿勢や取り組み方は、証券取引所も高く評価しているようです。

東京証券取引所の小沼泰之取締役常務執行役員（取材時）は、「野村證券は日本のＩＰＯ市場における中心的なプレーヤーとして、わたしたち東証とも緊密に連携しながら市場を支えてくださっています。これからも、ＩＰＯ支援を通じて日本経済の発展にコミットするという意思を貫き通していただき、ともに市場の発展を盛り立てていきたいですね」と語ります。

第3章

ケーススタディ

経験してみてわかったＩＰＯ

いまだから明かせる
IPOに至るまでのさまざまな苦悩

◉主幹事を最終決定するまでに多くの証券会社を転々

この章では、わたしたち野村證券を主幹事証券会社に選んでいただいた企業の実例を振り返りながら、IPOに至るまでにどのような苦悩や苦労が待っているのか、そして、IPOの実現によって、会社の何が、どう変わるのかについて見ていくことにしましょう。

まずは、IPOに至るまでの苦悩と苦労についてです。

第2章でも解説したように、IPOを実現するまでには、さまざまなステップを経ながら上場企業にふさわしい企業としての体制を整え、経営者やスタッフの意識も高めていかなければなりません。

そのために「やるべきこと」は非常に多く、次から次へと押し寄せる困難な課題に直面して、気持ちが折れてしまう経営者の方も少なくないようです。

解決すべき課題に優先順位をつけ、一つひとつ合理的に解決していけば、必ず上場できる体制は整っていくはずですが、「どこから手をつけたらいいのかわからない」「改善を試みてみたが、成果があがらない」といった壁にぶち当たり、上場準備プロジェクトが停滞したり、挫折してしまったりするケースも実際にはあります。

そうした事態を避けるために、まず重要なのは、経験豊富で適切なアドバイスを提供してくれる外部パートナーを選ぶことです。つまり、「頼れる主幹事証券会社」を選ぶことが、IPOを成功に導くための第一歩と言っても過言ではありません。

わたしたちがIPOをお手伝いした企業のなかには、IPOに至るまでに大きな回り道を余儀なくされた会社もあります。

2013年11月に東証マザーズ上場を果たし、その後、東証一部に市場区分を変更したM&Aキャピタルパートナーズもその一社でした。

同社代表取締役社長の中村悟氏は、「じつは、野村證券に主幹事を任せる数年前に、別の大手証券会社を主幹事に指名して上場目前まで行ったことがあります。ところが、あとは証券会社による審査を通過するだけという段階になって、突然、その証券会社の審査部長が代わり、審査の方針もガラリと変わってしまったのです。新しい方針に合わせて体制づくりも最初から見直さざるを得なくなり、その証券会社から『あと数年は上場するのは難しい』と言われてしまいました。いままでの苦労は何だったのだと、やるせない気持ちになりましたね」と振り返ります。

その後、M&Aキャピタルパートナーズは、2012年に野村證券と上場準備のアドバイザリー契約を結びました。じつはこの時、直前の苦い経験に懲りていた中村社長は「野村のような大手ではなく、新興の証券会社と契約を結ぶつもりだった」と言います。というのも、「以前頼んだ大手証券会社から『あと数年は上場できない』と言われたのは、われわれのような小さな手数料にしかならない会社のIPOは後回しにしたいという意思表示のようにも感じられた」からだそうです。

「だとすれば、業界最大手の野村證券なら、ますます後回しにされる可能性が高いと考えました。そこで、実績は少ないけれど、われわれのような小さな会社にもちゃんと向き合ってくれそうな新興の証券会社に頼むつもりだったのです」と中村社長は明かします。

ところが、実際に複数の主幹事候補と接触した同社の管理部門責任者は、「絶対に野村にすべきです」と中村社長に強く訴えたそうです。

「新興の証券会社と野村證券とでは、人材の質や提案力だけでなく、かかわり方の本気度もまったく違うというのが管理部門責任者の意見でした。新興の証券会社は当社を2~3回訪れ、1時間程度の簡単な打ち合わせをしただけでアドバイザリー契約を交わそうとしましたが、野村證券は責任者が『また来たの?』と驚くほど何度も足繁く来訪し、膨大な資料をもとに1回2〜3時間もの綿密な打ち合わせを行なってくれたそうです。その話を聞いて、野村は本気でわれわれを上場させたいと思っているのだと強く感じました。それなら後回しにされることはないはずだと確信して、野村證券とアドバイザリー契約を結んだのです」（中村社長）

実際、M&Aキャピタルパートナーズは、当社とアドバイザリー契約を結んでから1年4か月程度で東証マザーズ上場を果たしています。中村社長は「期待を裏切られることなく、予定どおりに上場を果たせたことに満足しています」と語ります。

一方、「同じ大手でも、業界最大手の野村證券には、頼もしさに格段の違いを感じた」と評価するのは、貸会議室などの「空間シェアリング」ビジネスを展開するTKPの中村幸司氏です。

じつはTKPも、野村證券とアドバイザリー契約を結ぶ数年前に、別の大手証券会社を主幹事として上場準備を進めていた時期がありました。「ところが準備の過程でリーマンショックが発生し、いったん仕切り直しせざるを得なくなったのです。捲土重来《けんどちょうらい》を期して2015年に再準備を始めましたが、今度は前回と同じ大手証券会社ではなく、野村に主幹事をお願いすることにしました。同じ大手でも野村の提案力やサポート力は格段に優れていると実感したからです」と中村氏は語ります。

中村氏によると、「当社が行なっている『空間シェアリング』事業は、いままで世の中になかったものなので理解されにくい点も多いのですが、野村證券の担当者はそれを深く理解して適切なアドバイスを提供してくれました。これまで数多くの業種のＩＰＯを手がけてきたからこそ、新しい業種を〝見る目〟と、上場を成功させるための提案力が飛び抜けているのでしょう。結果的に、最終決定から1年足らずで上場を果たすことができましたが、野村證券でなければもっと長引いていたかもしれません」と語ります。

また、２０１５年12月に東証一部上場を果たしたフリューの三嶋隆専務取締役（取材時）は、「２００７年の会社設立以来、いろいろな証券会社から上場のオファーを受けましたが、何年にもわたって熱心に〝ラブコール〟を送り続けてくれたのは野村證券だけでした。当社は、新しい事業を始めるにあたって『やり抜くまでは絶対にあきらめない』という胆力と粘り強さを持つことが大切だと考えていますが、野村證券の熱心なＩＰＯ営業には相通じるものを実感しました。そこまで営業先の将来のことを本気で考えてくれる証券会社は、野村以外にありません」と語ります。

「本気で上場させたい」という強い思いを持ち、豊富な経験や高い専門性を持って準備を支援してくれる主幹事証券会社こそが、最強のパートナーだと言えそうです。

◉脱！オーナー経営、公私混同をいかに解消するか？

いざ上場準備が始まると、パブリック・カンパニーとしての体制を整えるため、組織や内部管理体制のあり方を大きく変えていかなければなりません。

なかでも、経営のすべてを創業者が取り仕切る「オーナー経営」からの脱却や、プライベート・カンパニーであるがゆえに〝黙認〟されてきたオーナーによる公私混同（会社の利益と個人の利益の混同）の解消は、絶対に越えなければならない大きな壁です。

とはいえ、言葉で言うのは簡単でも、脱オーナー経営に切り替えるのはそうたやすいことではありません。

そもそも上場を目指せるほど成功を収めている会社は、優秀でカリスマ的なオーナー経営者がいたからこそ成長を実現できているケースが多く、さまざまな権限を他の役員に委譲していくことには、強い抵抗を示すオーナーが少なくないのが実情です。

しかし、どんなに優秀な経営者でも、いずれは次世代に経営をバトンタッチする時期がやってきます。したがって、たとえオーナーがいなくなっても、バトンタッチ後の経営陣が誰かひとりに頼ることなく意思決定できる仕組みをつくっておくことは、ＩＰＯのためだけでなく、会社を長く存続させるために不可欠な取り組みだと言えます。

また、会社が株式を上場すると、親族や仲間、関係者といった特定の株主だけでなく、市場を通じて株式を取得する新しい株主、新たに雇用する社員、新たに取引関係を結ぶ顧客や仕入れ先、さらには地域や世の中といった、多数のステークホルダーと接することになります。

そうしたステークホルダーとの信頼関係を保つためには、「オーナーひとりが経営にかかわるすべてを決定するのではなく、組織的に意思決定ができる体制にあるか（オーナーへの牽制が効くか）」「本来なら株主が享受すべき利益がオーナー一族など、特定の者に流出していないか」といったことがきちんと確認できて、それらを完全に排除できる体制を整えなければなりません。

しかし実際のところ、これらの課題はオーナー一族の個人的な利益や役得にかかわるものが多く、オーナーの理解と決断なしには解決できないものが大部分を占めます。

「上場会社になるとは、そういうこと」と割り切って決断するオーナーもいる一方で、「そこまでして上場したくない」と強く反発するオーナーも少なくはありません。

わたしたちが、これまでにかかわった脱オーナー経営の観点での事例をふたつ紹介しましょう。

ひとつ目は、情報通信サービスを展開するA社のケースです。

野村證券公開引受部の担当者（以下、引受担当者）が、A社から提出された上場準備のための初期資料を確認したところ、A社名義でクルーザーを所有していることが判明しました。

「これはもしかすると、A社の所有物ではなく、実態はオーナーの趣味ではないか？」

この時点で、上場準備のための膨大な資料を長年見てきた経験を持つ担当者の心のアラームが鳴りました。

オーナーが趣味の品を会社の資金で購入し、維持費も会社が支払うというような公私混同は、未上場会社であればよくある話です。その後、会社関係者へ確認したところ、オーナーの趣味がマリンスポーツであることがわかり、SNSにはクルーザーを背景にしてオーナーが写っている写真が多数アップされていました。担当者は「ますます怪しい」と思いましたが、とはいえ思い込みや決めつけはよくありません。

そこで担当者は、A社との定例ミーティングで、どのような目的でクルーザーを所有しているのか、使用実態はどうなっているのかを確認しました。

A社の上場準備実務メンバーの話では、クルーザーは福利厚生のために購入したもので、オーナーだけでなく社員も利用しているとのことでした。ただし、クルーザーの免許は社内でオーナーただひとりしか保有しておらず、操縦できるのはオーナーのみ。社員の慰労パーティーなどでは、オーナーがクルーザーを出しているという話です。

「オーナーがいなければ使えないということは、やはり実質的にはオーナーの持ち物なのだろう」と思って担当者が実務メンバーにさらに突っ込んで聞いてみたところ、やはり想像どおりオーナーが個人で楽しむための物でした。A社のオーナーはワンマン社長なので、誰も指摘することができなかったのだそうです。

そこで引受担当者は、オーナーへの上場準備の進捗状況報告会でこの件を指摘し、オーナーがプライベートで楽しむためのものであれば、オーナーに買い取ってもらうべきではないかと相談しました。するとオーナーは「そこまでして上場したくない！」と激高。上場準備はここでストップすることになってしまいました。

もうひとつは、地方の老舗メーカーであるB社のケースです。

この会社は、公私混同と見なされかねないオーナー一族との取引（関連当事者取引）を行なっており、株式上場を実現するうえでの大きな壁となっていました。

具体的には、①創業者であるオーナー会長が個人で所有する建物をB社の営業部が借りている、②オーナー会長の弟一族が経営している企業からの仕入れ取引がある、といったものでした。

引受担当者が、Ｂ社の上場準備事務局から取引開始の経緯や取引の必要性、取引の妥当性などについて繰り返しヒアリングを行なったところ、①については営業部の所在地がその建物でなければならない理由は乏しく、賃料も周辺相場より高かったことが判明しました。②については、弟一族の会社から仕入れるほうが他社から仕入れるよりも物理的に距離が近く、タイムリーに納入できるというメリットはあるものの、仕入れ価格が適正に取り決められているかどうかは判別しがたいことがわかりました。

そこで、①についてはよりよい条件の建物に営業部を移動させること、②については仕入れ条件について定めた取引基本契約書を弟一族の会社と結ぶとともに、他社との相見積もりを取って価格に問題がないことを確認するという方針を定めました。

しかし、ここで問題となったのは、Ｂ社の上場準備事務局の誰が、会長にこの方針を具申するかということです。

会長は豪快なビジネスマンながら情に厚い人物で、とくに親族が絡むことについてはどのような反応が返ってくるかわかりません。Ｂ社の上場準備事務局の全員が尻込みするなどすったもんだの末、結局、外部にいて比較的もの申しやすい引受担当者が上場準備の進捗状況の定期報告に併せて、本件を会長に伝えることになりました。

そして報告当日。なぜ、関連当事者取引の解消が求められるのかという説明にはウンウンとうなずいていた会長が、いざ①②の解決策の話になると、とたんに表情が硬くなっていくのがわかりました。

「本当にそこまでしなければならないのか」「こうすることではダメか」と最初は抵抗がありましたが、引受担当者が必要性を粘り強く数時間かけて説明したところ、会長は、最後には「わかりました。これまでも、これからも不正をするつもりなど一切ありませんが、わたしが『信じてください』と言っても投資家の方が納得するわけではなさそうですね。疑念の芽を摘むという意味も含めてすべてきれいに解決しましょう」と言ってくださいました。

この会長による決断から1年半後、B社は無事に上場を果たしています。

このように、オーナー会社がパブリック・カンパニー（上場会社）になるためには、オーナー自身が「会社が自分の会社ではなくなる」ということに十分な理解を示し、覚悟を決めて決断することが求められます。

◉土砂降りのなかで出待ち、時には社長を説得する度胸と野村イズム

２０１３年11月に東証マザーズに上場した、じげんの平尾丈社長は、「いま思えばお恥ずかしい話ですが、上場準備を始めるまでは、『全員がプロフィットセンター』を持論にしていて、事業以外への投資には消極的でした。しかし、野村證券の担当者は『社長の言っている姿はすばらしいパラダイムかもしれませんが、社長が目指しているもっと大きい世界を実現するためには、大きな会社が必要で、それを支えるコーポレートのプロフェッショナルが必要です』と引き下がりませんでした。考えを変えるつもりはなかったのですが、土砂降りのなかで出待ちされ『社長の考えは間違っています』とまで言われた時に、担当者の度胸と野村イズムを感じました。いまではコーポレート部門に投資して拡大再生産する大切さを実感しています」と語ります。

◉予算どおりの結果を出し続けることの難しさ

上場準備における苦労はさまざまですが、とくに苦労する準備作業のメニューに「利益計画づくり」と「予算統制」があります。

利益計画とは、文字どおり、年度や四半期、月次などの売上高や営業利益などの計画を立てること。利益計画のことを「予算」とも言います。

これに対し予算統制とは、実際の売上や利益（実績）が予算どおりに達成されているかどうかを確認し、達成されていない場合は、その要因を検証・分析して、達成のために必要な措置を講じることです。

一般に事業活動を成功させるには、ＰＬＡＮ（計画）・ＤＯ（実行）・ＣＨＥＣＫ（分析）・ＡＣＴ（改善）という「ＰＤＣＡサイクル」を回しながら改善を図っていくことが重要だとされていますが、利益計画と予算統制も、ＰＤＣＡサイクルを回しながら予算を確実に達成させていく仕組みであると言えます。利益計画づくりと実行がＰとＤ、予算統制がＣとＡの役割を果たすわけです。

上場企業には、事業活動を行なうにあたって必ず予算を設定し、それを着実に達成させていく努力が求められています。

なぜなら上場後には、投資家に対して単年度ごとの利益計画を業績予想として開示することと、決算から45日以内には決算短信として実績を公表することが求められているからです。

仮に予算が達成されず、本決算で発表される売上高や利益が業績予想を下回った場合、株価の下落によって投資家に不利益をもたらす可能性もあります。そもそも投資家にとって業績予想は非常に重要な投資判断材料のひとつであり、実績が業績予想を下回るということは期待を裏切ることになってしまいます。そうならないように、事業活動をどのように展開して売上をいくら伸ばし、費用をどれだけ抑えて利益をいくら出すかという綿密な利益計画を立て、それを着実に実行していく必要があるのです。

証券取引所による上場審査においては、この利益計画づくりと予算統制がしっかり行なわれているかどうかという点についても厳しくチェックされます。したがって上場準備においても、このふたつをちゃんとできるようにすることが非常に重要なのです。

予算統制の精度を上げるためには、まず月次決算をきちんと行なうことが求められます。なぜなら、四半期ごとや半期ごとといった期間の長い決算では、予算と実績の乖離が大きくなりすぎて、リカバリーしようにもできなくなる可能性が高まるからです。月次であれば、予算と実績の差分はそれほど大きくならずに済み、早期の原因究明と改善によって修正を図ることができます。

企業によっては、予算統制の精度をさらに高めるため、日次決算の仕組みを採り入れている会社もあります。Ｇｕｎｏｓｙもその一社です。

「上場審査で求められる予算のチェックは本来月次ベースなのですが、じつは1か月後に上場を申請する段階になって、月次の売上が予算を下回りそうになりました。野村から『貴社のような過去に実績のない新しいビジネスモデルでは、月次ではなく、日次で業績の変調を把握したほうが、タイムリーに施策を検討できるだろう。日次の予算と実績のチェックに改めさせてくれないか』と要請を受けたのです。そのころ、上場直後に業績予想を下方修正した企業などもあり、投資家の業績に対する見方も厳しくなっていました。当社は、以前から日次決算を実践していたので報告すること自体に問題はありませんでしたが、『なぜ、今日の売上は予算を下回ったのか』『どうやって回復させるつもりなのか』と連日その要因について聞かれたのには非常に苦労しました」と振り返るのは、Ｇｕｎｏｓｙの伊藤光茂ＣＦＯ（取材時）です。

伊藤氏は、「われわれからすれば、日次や月次の売上が多少下がっても、後から十分にリカバリーできるという確信は持っていたのですが、上場企業にはその根拠についての説明と開示が求められます。野村證券からきめ細かくアドバイスを受けたことは、説明責任をしっかり果たさなければならないという思いにつながりましたし、また予算を確実に達成させるためには、これほど細かな現状分析が必要なのだというヒントもたくさんもらいました。何より、環境の変化を踏まえてすぐに対応策を検討してくれた点に、『何としても上場してもらいたい』という担当者の意気込みの強さを感じましたね」と語ります。

上場準備における日次決算のチェックは特別な事例ですが、一般には、月次決算でもなかなか予算を達成できずに苦しむ企業が多いようです。わたしたちは、予算統制の考え方や方法を徹底的にアドバイスすることによって、上場企業としての義務と責任がしっかり果たせるようになることをお手伝いしています。

◉毎日3～5件の投資家を訪問、汗と涙のロードショー

東証の上場承認を得てから上場日を迎えるまでには、約1か月あります。

上場する企業の経営者や経営陣は、そのうち最初の約2週間をかけて、投資信託の運用会社や保険会社といったプロの投資家（機関投資家）たちを個別に訪問します。いわゆる「ロードショー」です。

第2章でも説明したように、ロードショーとは、機関投資家に自社の新規公開株を買ってもらうことを目的として、経営者自らが会社の説明を行なう活動です。

また、プロの投資家から見て、自社の株をいくらなら買ってみたいと思うのかという意見を広く集め、仮条件価格に反映させることも目的としています。

約2週間で訪問する機関投資家の数は20～30社程度。1日当たりでは、3～5社というのが一般的な訪問件数です。各投資家との面談時間は通常1時間。この短い時間に、自社の事業内容や強み、同業他社との差別化要因、財務状況などを説明し、質疑応答が行なわ

れます。

投資家は、面談の内容を踏まえて会社の成長力の検証や、他の類似した上場企業との比較などを行ない、「目論見書」に記載された想定公開価格の妥当性などを判断したうえで、その会社に対する関心度や、株価がいくら程度までなら買ってもいいと考えているかといったことを主幹事証券会社にフィードバックします。

機関投資家は、業種や会社の規模、事業の成長性や安定性など、それぞれの運用ポリシーに基づき、複数の銘柄の株式にバランスよく投資しています。新規公開株を運用対象に組み入れる際、それ以外の銘柄を売ってバランスを保つことも考えなければならない場合もあります。したがって「いま持っている株を売ってまで、この会社の新規公開株を買う必要があるのかどうか」という点は、かなりシビアに吟味されているようです。

しかも、機関投資家は毎年数百社もの会社の訪問を受けているので、そのなかで自社の株を「買ってみたい」と思わせるには、相当入念な事前準備が必要です。

実際にロードショーを行なったある企業の事例を紹介しましょう。

C社は、証券取引所への上場申請も終わり、取引所審査が問題なく進めば、2か月後には上場承認が得られる見込みとなっていました。「そろそろロードショーの準備を始めましょう」という当社からの提案を受け、この機会に上場後のＩＲ活動や投資家向けホームページの制作などを支援する野村インベスター・リレーションズ（以下、野村ＩＲ）とも契約を結びました。

当社の担当者やフロンティア・リサーチ部の未上場企業専門のアナリストとは、それまで幾度となくビジョンや戦略についてディスカッションを重ねてきたので、訪問先で伝えたいことはおおむね固まっていました。

何よりＣ社は、業界では知名度のある企業です。社名を言えば、ある程度の投資家は関心を持ってくれるだろうし、提示する資料も、これまでＶＣなどに提出していた資料をベースにすればすぐに作れるので、「さほどの準備をする必要はないはずだ」とＣ社の上場準備責任者はタカを括っていました。

ところが、いざ準備を始めてみたところ、今後の市場規模や想定シェア、具体的な競合他社の社名、中長期計画の詳細といった、こちら側がとくに訴えたい情報はほとんど伝えることができないことが判明しました。というのも、上場承認後のファイナンス期間中に発行会社が開示できる情報は、目論見書に記載した範囲に限定されるという金商法上の制約があるからです。しかも約1時間の面談のうち、会社からの説明時間はせいぜい30分程度。これでは、どんな会社で、収益の源泉は何か、将来はどうなるのかといった機関投資家が知りたいことを十分説明できそうにありません。悩んだ上場準備責任者は、関係者と何度もミーティングを重ねました。

最も悩んだのは、そうした制約のなかで、自社の魅力を伝えるにはどう見せたらよいかという点でした。

業界の成長を牽引してきた会社であるとはいえ、全産業界で見れば、C社はニッチトップのひとつにすぎません。投資家にさらなる成長を期待してもらうためには、参入障壁の高さや自社の独自性、マネタイズが見えてきた新事業やその勝算についても、できるだけ詳しく説明したいと考えました。

ロードショー本番まであと1週間。ようやく資料のドラフトが完成し、ロードショーでメインスピーカーとなる社長による予行演習が行なわれました。

トータルで30分の説明時間のなかで、綿密な時間配分を行なっていましたが、いざ話しはじめると、創業以来の苦労や、自社のサービスの内容についての説明につい力が入ってしまい、それだけで20分が経過。収益の源泉や今後の展望についての説明は、残りの10分に駆け足で読み上げる結果となってしまいました。社長もさすがに「これではまずい」と反省したようで、ひとり部屋にこもって練習を繰り返しました。

そしてロードショーの本番開始が前々日に迫った日、最後のリハーサルが行なわれました。練習の成果もあり、会社の説明はスムーズにできたものの、模擬質疑応答では、KPI（重要業績評価指標）の設定理由や達成への勝算、過去の利益率の変化といった財務にかかわる想定外の質問が多かったようで、すぐに答えられなかったり、答えがまとまらず長くなってしまったり。リハーサル終了後、同席者からは、「社長の誠実さが感じられた」という感想も出る一方、「回答は手短に」といった厳しい意見も寄せられ、急いで軌道修正をして本番に備えることにしました。

このように、ロードショーにおける慣れない会社説明や質疑応答には、十分な準備が不可欠です。わたしたち野村證券は、このケースのようにロードショーの事前準備についても万全のサポートを行なっていますし、本番の面談が終わるたびに、「どんな話を聞かれたのか」「それについてどのように回答したのか」を詳細にヒアリングし、次の面談に向けての改善策をアドバイスしています。

ちなみに、1日に3〜5件の面談を2週間も繰り返すロードショーは、精神的、肉体的にもかなりハードです。猛暑の夏や寒い冬などは、移動するだけでもかなりの体力を消耗することになるでしょう。喉を傷める方もよくいらっしゃいます。

実際にロードショーを経験した、じげんの平尾社長は「できるだけ多くの投資家に自社の将来性を伝えたいと思い、『とにかく数を入れてください』と野村證券にお願いしました。おかげで朝から晩まで1日6件も回るハードスケジュールとなり、お昼を食べる余裕もないほどの強行軍になってしまいました」と振り返ります。

しかし、「さまざまな投資家の方の意見を聞くことで、わたしたちの事業のどんなところにユニークさを感じているのか、どのようなセグメント（業種）の会社として認識しているのかといったことを理解できたことは、今後のビジョンや戦略を考えていくうえで貴重な機会だったと思っています。また、投資家の方々が売上の中身や、どのようなＫＰＩを重視しているのかについて教えていただいたことは、上場後の情報開示を検討するうえでおおいに参考になりました」と平尾社長は語ります。

ロードショーは、たんに自社をアピールする場ではなく、プロの投資家の意見に耳を傾け、自社の事業の発展を促すための貴重な〝学びの場〟にもなるわけです。

ＩＰＯによって実感した未上場企業と上場企業の大きな違い

◉社会的信用力が向上した結果、事業展開や事業提携が加速

ここまではＩＰＯまでの苦労話を紹介してきましたが、この項では無事ＩＰＯを果たした企業が、その後の経営や事業運営などにおいて、どのようなメリットを実感しているのかを具体的に見ていきましょう。

上場によって企業にもたらされるメリットを整理すると、①タイムリーで多様な資金調達が可能となる、②社会的信用力が向上する、③より多くの優秀な人材獲得が可能となる、④内部管理体制の改善やコーポレート・ガバナンス体制の強化によって、しっかりとした組織をつくることができる、⑤社員のコンプライアンス（法令遵守）意識が向上する、⑥M&Aや事業提携のチャンスが増える、⑦社員のモチベーションが向上する、などを挙げることができます。

そのいくつかについて、実際に上場を果たした企業の経営者や経営陣に感想をうかがってみました。

まずは、社会的信用力の向上です。日本全国の企業のうち0・1％程度の上場企業（個人事業主を含む）は、未上場企業に比べて社会的ステータスやブランドイメージが圧倒的に高く、その力は経営や事業活動に有利に生かせます。金融機関からより有利な条件で借り入れを受けられる、消費者の認知度が上がって商品・サービスの販売が増える、新たな取引先や提携先との関係ができて、ビジネスが拡大するといった効果が期待できるでしょう。

たとえば、ＬＩＴＡＬＩＣＯ（りたりこ）の坂本祥二取締役（取材時）は、「当社は株式上場する1年ほど前からインターネットサービスに事業領域を広げていたのですが、上場によって、その動きに弾みがつきそうです」と語ります。

ＬＩＴＡＬＩＣＯは、もともと障害者の就労支援サービスや発達障害のある子ども向けの学習教室など、オンサイトの事業を中心に展開していましたが、2015年4月に子育て情報メディア「Ｃｏｎｏｂｉｅ」を、2016年1月には発達障害ポータルサイト「ＬＩＴＡＬＩＣＯ発達ナビ」をそれぞれオープンするなど、インターネットを使ってより多くの人にサービスを提供する道を模索しています。「株式上場を果たしたことで、インターネット事業をさらに広げる力がついただけでなく、いままであまり縁のなかった業界にも当社の取り組みを知ってもらうことができ、事業提携の幅も広がりつつあります」と坂本氏は手応えを感じているようです。

また、インターネット関連の事業のみならず、上場したことによって会社としての信頼性も高まり、社会的な課題解決に関する相談やパートナーシップに関する問い合わせなどを受ける機会も増えたとのことです。これも、社会的信用力の向上による大きな変化だと言えるでしょう。


一方、「上場をきっかけとして、当社が主催するセミナーへの参加者やホームページへの訪問数が急増したのは、目に見える大きな成果です」と語るのは、M&Aキャピタルパートナーズの中村社長です。

同社は、事業承継問題などを抱えて会社を売りたいと考えているオーナー経営者と、他の会社を買収して事業を拡大したいと考えている会社をマッチングして、M&Aを支援するサービスを提供しており、〝売り手〟であるオーナー経営者の重要な集客チャネルとして、セミナーやホームページを活用しています。

「セミナーに参加していただくため、全国のオーナーに電話をかけたり、直接足を運んだりしてお声をかけているのですが、上場してからは、こちらがアプローチしていないオーナー経営者からも『セミナーに参加したい』という申し込みがどんどん舞い込むようになりました。上場による知名度向上の効果はこれほど大きいものなのか、と実感せずにはいられませんでしたね」と中村社長は笑みを浮かべます。

また、「オーナー経営者にとっては、得体の知れない未上場企業よりも、社会的信用度のある上場企業に仲介を任せたいというのが偽らざる本音だと思います。実際、当社が未上場の時は、信用度がないせいでオーナーから守秘義務契約すら交わしていただけないこともありました。執務室で社員が働いているのを確認するまで、仲介契約書にはサインしないというオーナーもいました。当社のように、社会的信用がビジネスの発展に大きく影響する業種にとって、上場のメリットは計り知れないと思います」と中村社長は語ります。

先ほどのLITALICOの例のように、社会的信用力の向上は、新たな事業提携先との出合いや、それによる事業の新たな発展にも結びつきます。

フリューの三嶋氏は、「上場をきっかけに、信じられないような大手企業からも提携の話が舞い込むようになりました。大手からベンチャー企業まで、さまざまな企業との協業機会が増え、未上場のころには考えられなかったような新しい事業の可能性がどんどん広がっていることには、驚きすら感じます」と言います。

一方、「当社は上場による資金調達力と社会的信用力の向上を武器に、M&Aを加速させています」と語るのは、じげんの平尾社長です。

じげんは、2013年11月の東証マザーズ上場からの約4年間、約70億円を投じて9件のM&Aを実施しました。これについて平尾社長は、「世の中には、いい商品やサービスを持っていても営業力がない会社、いい技術があるのに生かしきれていない会社などが数多くあります。そうしたポテンシャルを秘めながら伸び悩んでいる会社を積極的に取り込み、スーパーハンズオン（直接的な経営支援）で成長させていくことによって、じげんが目指す『価値の拡大再生産活動』が回り続ける世の中を実現したいのです」という壮大なビジョンを明かします。

また平尾社長は、このビジョンの実現のため「小さな会社だけでなく、大きな会社とも積極的に協業関係を結んでいきたい」とも語ります。その一環として、じげんは2017年5月にNTTドコモが提供する〝仕事探しのプラットフォーム〟「dジョブ」を共同で企画・開発するという業務提携を結びました。こうした大手との協業も「当社が上場企業でなければ実現しなかったはず。社会的信用力の向上によって、当社の成長の可能性は確実に大きく広がったと思います」と平尾社長は感慨深く語ります。

◉知名度が上がり、多様な人材が獲得できるようになった

株式上場によって会社の知名度が上がれば、当然ながら就職活動を行なう学生や、転職先を探しているキャリア人材の目にも留まりやすくなります。

結果として、「未上場のころよりも、人材が獲得しやすくなった」というのは、株式上場した企業の経営者や経営陣に共通する感想のようです。

たとえば2017年3月に上場を果たしたTKPは、わたしたちがインタビューを行なった時点ではまだ上場してから4か月足らずでしたが、「たった数か月でも、採用に応募してくる人材の数は格段に増えました。しかも、上場する前に比べて学歴やキャリアの高い人材からの応募が増えていることを実感します」（中村氏）と語ります。

少子・高齢化の加速とともに日本の生産年齢人口は減少の一途をたどっており、限られた優秀な人材を多くの企業が奪い合う〝人材争奪戦〟は、今後ますます熾烈になっていくことが予想されます。そうしたなかでも、知名度や社会的信用度の高い上場企業は、比較的有利に優秀な人材を獲得できるのが大きなメリットだと言えそうです。

その半面、Ｇｕｎｏｓｙからは「上場したことによって、ベンチャースピリットよりは、安定志向が強い人材の応募が増えてきた」（伊藤氏）といった感想も聞こえてきます。

Ｇｕｎｏｓｙのように少人数から急成長を遂げたベンチャー企業は、自ら新しい価値や

事業を生み出して世の中を変えたいという気概や意欲を持った人材によって伸びてきた会社が多く、そうした人材を上場後も一定数確保し続けることが、成長を持続するためには欠かせないと考えているようです。

しかし現実には、人数は獲得できるようになったけれど、応募してくる人材の質が変化したと感じる企業もあります。

若い女性たちに人気のあるプリントシール機やさまざまなジャンルのゲームなどの事業を展開するフリューでも、求めているのは「型にはまらず、いろいろなことに興味を持ちながら新しい商品やサービスを創り上げていける人材」(三嶋氏)です。

「独立して間もないころは、エントリーシートにコスプレ・水着姿の写真やプリントシールを貼って応募した女性もいました。『私の尺度では評価しきれない子だなぁ』と思ったけれど、面白いので採用してみたら、企画力が非常に優れていて、仕事をどんどん前に進める力を持っていました。われわれのようなエンタテインメント・ビジネスを切り拓いていくのは、そうしたとんがった人材なのです」と、三嶋氏は語ります。

その一方、「たしかに、とんがった人材は採りにくくなりましたが、事業内容に対する認知度が上がったことで、より多様な人材が採用できるようになりました」と語るのは、弁護士ドットコムの杉山慎一郎顧問（取材時。ＩＰＯ時は取締役ＣＦＯ）です。

日本最大級の法律相談専門ポータルサイトを運営している弁護士ドットコムには、弁護士に情報を提供してもらうための営業職、サイトを設計・運営するためのＷｅｂデザイナーやエンジニア、コンテンツづくりにかかわる編集者といった、求められる知識や技能が異なるさまざまな専門職があります。

「営業職には元証券会社の営業担当者、エンジニアにはさまざまなＷｅｂサイトの運営を手がけてきた人材、編集者には元新聞記者といったように、幅広い業種から、さまざまなバックグラウンドを持った人材が入ってくるようになりました。これも、上場によってわれわれのやっている仕事や、そこに必要とされる人材に関する認知が広がったからだと思います」と杉山氏は語ります。

このように人材採用への影響については、メリット、デメリットのそれぞれがあるようですが、上場によって組織や事業の規模が拡大していけば、それを支えていくための社員数の確保や、多様な人材の獲得は欠かせません。その意味で、上場によって知名度や社会的信用度が上がることは望ましいと言えそうです。

◉社員の士気が向上、家族からも感謝の声が

株式を上場すると、多様な人材を採用しやすくなるだけでなく、すでに活躍している社員の士気や帰属意識が向上するというメリットもあります。

上場企業に籍を置くということは、それだけでも社員の自尊心がくすぐられるはずですし、「会社の看板に傷をつけないようにがんばろう」「上場企業の社員として恥ずかしくない仕事をしよう」といったモチベーションの向上にもつながるはずです。

実利的な面では、上場企業の社員であれば、住宅ローンや自動車ローンなどの審査が通りやすく、より有利な条件で借り入れがしやすくなるというのもメリットでしょう。その結果、社員の離職率が低下するといった効果も期待できるかもしれません。

「『会社が上場した』と報告したら、親がとても喜んでくれたと言う社員も多いですね。自分の子どもが上場企業に勤めるということは、親御さんにとっても誇らしいようです」と目を細めながら話すのは、ＴＫＰの中村氏です。

「社員の意識の変化について言えば、営業先で名刺を出した時に、相手の見る目が変わった一方で、つねに周りから見られていることを意識するようになったという声をよく聞きますね。上場企業の社員に恥じない言動や、コンプライアンス意識が徹底されるようになったことは、とてもすばらしい変化だと思います」（中村氏）

また、「当社では、とくに働くことや学習することが困難な方々に現場で直接向き合っている社員が上場を喜んでくれました」と語るのは、LITALICOの坂本氏です。「もともと障害者支援という分野は慈善活動の延長であり、収益事業としては成り立たないという世間の見る目があったのですが、会社が上場したことで、社会にとって必要不可欠な重要な産業だということを世間に知ってもらえたことがうれしかったのでしょう。上場によって世間の見る目が変わったことで、障害者支援を本格的に普及させるための第一歩が踏み出せたのだと思っています」と坂本氏は語ります。

◉上場に向けてビジネスモデルを見直し、長期的な成長への道を拓く

上場準備の過程においては、それまで取り組んできたビジネスモデルを一度見つめ直し、同じ形のままでビジネスを続けるべきなのか、それとも、長期的な成長をより確かなものにするために、ビジネスの進め方や向かうべき方向を変えていくべきなのか、といったことを考え直す企業も少なくありません。

わたしたち野村證券は、そうした上場を契機とするビジネスモデルの見直しについてもフロンティア・リサーチ部の未上場企業専門のアナリストによる業界分析およびアドバイス、エクイティ・ストーリーの提案、経営者および経営陣との綿密なディスカッションと

いった活動を通じてお手伝いしています。

また、経営者がロードショーを通じて機関投資家から得た意見やアドバイスなども、ビジネスモデルの見直しや長期的な事業戦略の策定に役立つことが多いようです。

「一般にエンタテインメント業は、流行の移り変わりが目まぐるしく、ゆえに業績の変動が激しい業種だと言われています。そうした条件下で、上場後にどれだけ安定的な業績が持続できる盤石なビジネスモデルをつくり上げるかということは、上場準備過程における大きな課題のひとつでした」と語るのは、フリューの三嶋氏です。

安定的な収益基盤を手に入れるため、フリューは上場後も主力事業のひとつであるプリントシール機事業を強化していくという道を選択しました。

「あまり知られていないかもしれませんが、プリントシール機事業は、アミューズメント施設に機械を設置すれば、シール紙などの消耗品を継続的に販売することができるストック型ビジネスなのです。しかもエンドユーザーである若い女性たちは、あまり景気動向に左右されず好きなものを好きなだけ消費する傾向が強く、そのうえ彼女たちにとってプリントシール機は遊びの文化として根づいています。プリントシール機の台数を増やせば、多額のキャッシュが安定的に入ってくる仕組みができあがります。このようにして安定的な収益基盤が確保できれば、ほかの新しいビジネスにチャレンジする余力も生まれるわけ

です」（三嶋氏）

フリューによるプリントシール機の設置台数は業界トップを誇り（2016年夏時点、同社調べ）、プリントシール関連Webサービスの有料会員数は約163万人に達しています（2017年3月末時点）。これほど大きなカスタマーベースがあれば、コンテンツやゲームといったプリントシール機以外のサービスにも大量の送客が可能となり、シナジー効果によって、複数の主力事業を同時に伸ばしていくことができます。

三嶋氏は、「このように、長期にわたって継続的に成長するためのビジネスモデルを整理できたことは、上場準備における大きな成果でした。上場準備では、会社の管理体制をしっかり整えることが大切ですが、事業の収益性を確かなものにすることは、それ以上に重要な準備だと思います」と語ります。

そして、「上場準備の過程において、野村證券の担当者から受けたアドバイスが長期的な成長戦略を固めるうえでの大きなヒントになりました」と語るのは、弁護士ドットコムの杉山氏です。

弁護士ドットコムは、東証マザーズに上場する前の2013年春、弁護士情報を同社のポータル上に有料で掲載するサービスを開始しました（詳しくは、第1章を参照）。

この事業はスタート直後から大きく売上を伸ばしており、上場後も同社の収益を支える柱のひとつになるはずだと杉山氏は期待していました。

しかし、杉山氏にはひとつの危惧がありました。それは、弁護士向けのサービスでは、見込み顧客数があまりにも限られていることです。

「全国の弁護士は約4万人しかいません。仮に4万人のすべてが情報を掲載すれば、事業の成長はそこでストップしてしまうのです。市場に限度のあるビジネスだけでは、会社が長期にわたって成長していくことはできませんし、投資家も納得しないはずです。そこで、『何かほかの新しいビジネスも立ち上げるべきだろう』と社内で検討を重ねたのですが、アイデアはいろいろ出るものの、それらをどうやって組み合わせ、成長ストーリーとしてまとめ上げていくかという点に苦労しました」（杉山氏）

そうしたなか、野村證券の担当者とディスカッションを繰り返したことが、杉山氏の頭のなかでもつれていたビジネスモデルを整理するのに非常に役立ったと言います。

担当者が示したのは、市場に限度のある弁護士向けの事業のほかに、B2B、B2Cの事業を立ち上げ、3本柱で成長を目指すという考え方、アイデアでした。

「B2B事業としては、経営者が弁護士であるという当社の強みを生かしたオンライン電子契約書サービス。B2C事業としては、まだ実現していませんが、法廷での争いごとが発生した時に備える弁護士費用保険を提供してみてはどうかというアドバイスを受けました。これなら見込み顧客は格段に広がるので、長期的な成長も十分に期待できます。また弁護士向け事業も、既存の情報掲載サービスだけでなく、サービスのアイテム数を増やしていけば、限られた市場でも成長を持続できるはずです。このように事業ごとの明確なビジネスモデルや成長ストーリーを描き出すことができたのは、上場準備における最大の成果だったと思っています」と杉山氏は語ります。

このストーリーに沿って事業の３本柱を整えていった結果、弁護士ドットコムは２０１4年12月の上場以来、大幅増収・増益を継続しています（２０１７年3月期時点）。

上場に向けてビジネスモデルを抜本的に見直したことが、長期的な成長への道を切り拓いたわけです。

第4章

IPOは「ゴール」ではなく「スタート」である

パブリック・カンパニーの使命と責任とは

◉企業価値の向上に終わりはない

日本の株式市場では年間100社程度が新規上場しています。平均するとおよそ4〜5日に1社ずつのペースで、新たな上場企業が産声を上げている計算です。

わたしたち野村證券は、より多くの企業のIPOをお手伝いすることによって、日本経済の活性化に貢献していきたいと願っております。

「IPOとは、ひと言で言えば『成長資金を公募により調達するための活動』です。より多くの企業のIPOをお手伝いすれば、それは日本経済全体の成長を促す力になるはず。その思いを胸に与えられた責務をしっかり果たすことが、リーディング・カンパニーとして長くIPO市場にかかわってきた野村證券の使命だと考えているのです」

そう語るのは、公開引受部やシンジケート部など、当社の主な引受関連部署を管掌するインベストメント・バンキング担当執行役員（取材時）の後藤匡洋です。

わたしたちは、お客さまからのIPOに関するご要望があれば、いつでも対応できる体制を保ち続けてきました。
「ＩＰＯの主幹事証券会社には、上場準備のサポートや審査だけでなく、企業価値の算定、公開価格の決定、新規公開株の販売など、さまざまな機能が必要です。どれかひとつの機能が欠けても支援体制は成立しませんし、また、それぞれの機能ごとに高い専門性や経験値を持った人材が要求されます。こうした体制はじっくり時間をかけて形成されてきたものので、とくに長年ＩＰＯ実務に携わり、お客さまのさまざまな課題と向き合って解決に取り組んできた経験豊富な人材は、当社のＩＰＯ関連業務におけるかけがえのない資産だと思っています」（後藤）
　また後藤は、「野村證券がＩＰＯに積極的にコミットしているのは、発行会社の成長を支援し、また投資家に新しい投資機会を継続的に提供することによって、資本市場の持続的な発展を支えていきたいという強い思いがあるからです。市況がどんなに変化しようとも、簡単に縮小するわけにはいきません」と語ります。

『野村の審査は厳しい』というご指摘をいただくこともありますが、実際には証券取引所による審査をクリアするために必要な準備、言い換えれば上場会社にふさわしい水準に必要な準備をサポートさせていただいているにすぎませんし、投資家に安心して新規公開株を買っていただくためには、発行会社の信頼性や成長の可能性をしっかりと確認させていただかなければなりません。ひいてはそれが、発行会社への資金流入を促し、成長を支えるという好循環にも結びつくわけです。そして、わたしたちは、ＩＰＯが発行会社、投資家のそれぞれに〝ウィン・ウィン〟の関係をもたらす機会となるべきだと考えています」（後藤）

もちろん、わたしたちがＩＰＯを目指す企業をお手伝いするのは、成長力や将来性を秘めた数多くの企業に、その可能性を広げていただきたいという強い思いがあるからにほかなりません。

「ＩＰＯによって市場から多額の資金を調達することは、お客さまの成長過程に大きなインパクトをもたらすイベントだと言えます。ＩＰＯの実現に至るまでにお客さまが費やす労力は相当なものですし、それとは比べものにならないほど、報われるものは大きいはず。実際、お客さまからは、『大変だったけれど、野村證券のおかげでＩＰＯが実現できた。上場会社になったことで、多大なメリットがある。本当にありがとう』と感謝の言葉をいただくことも少なくありません。そんなお声をいただくと、わたしたちもお客さまと一緒に年数をかけながら苦労を重ねたことが報われた気持ちになります」（後藤）

とはいえ、ＩＰＯはあくまでも、企業にとっての「ゴール」ではなく、新しい「スタート」にすぎません。

大きな資金や社会的信用力といった、成長のための〝翼〟を得ることはできても、それを思う存分にはばたかせて、大空に駆け上がるのはこれからなのです。

わたしたちは、ＩＰＯを実現したお客さまが、その後も着実な成長を遂げることができるように継続的な支援を行なっています。

たとえば、新たなビジネスやＭ＆Ａなどの資金を調達するための公募増資等や、市場区分の変更、上場後のＩＲ活動の支援、Ｍ＆Ａやアライアンスのアドバイスなど、財務および事業戦略の両面から、さまざまなサービスを提供しています。

後藤は、「ＩＰＯだけでなく、次のステージも含めてお客さまの成長をトータルにサポートするのもわれわれの使命だと思っています。発行会社が継続的に成長すれば、企業価値が向上して投資家にとってもプラスになるだけでなく、会社に対する評価が高まって、次の資金調達が有利に進められるようになります。主幹事証券会社がＩＰＯ後も発行会社の企業価値向上を支え続けることは、発行会社と投資家それぞれに継続的なメリットをもたらすのです。わたしたちは、その重要な役割を担い続ける存在でありたいと思っています」と語ります。

とはいえ、上場企業がその企業価値を上げ続けるというのは、言葉で言い表すほど簡単なことではありません。

未上場の時代には、創業者の経営手腕や強力なリーダーシップによって急成長を遂げた企業でも、上場してパブリック・カンパニーになると、短期的な株価の上昇やより多くの株主還元を期待する投資家の意向によって、目先の業績を上げることにプレッシャーを感じざるを得なくなり、思い描いていた成長戦略が立ち行かなくなることもあります。

その結果、あまり大きな成長が期待できなくなれば、企業価値もさほど大きくは上がらなくなり、投資家にとっての魅力が薄れてしまうというジレンマに陥るケースもあります。

◉投資家からの収益プレッシャーにどう向き合うか

投資家からの短期的な収益プレッシャーにどう向き合い、うまく折り合いながら成長を実現させていくかということは、上場企業の経営者であれば、誰もが直面する大きな課題であると言えます。

発行会社が投資家に自社の成長戦略を理解してもらうためには、どのような戦略を描き、その実現のためにどのような資金の使い方を考えているのか、といった情報をきちんと発信することが大切です。そのためには、ＩＲ活動による周知や株主総会における説明が不可欠ですが、わたしたちは、グループ会社の野村ＩＲによるＩＲ活動支援や、各支店における個人投資家向け説明会のアレンジなどによって、上場後も「投資家との対話」を継続的にお手伝いしていきます。

投資家と良好な関係を保つためには、その意向と真摯に向き合う一方で、「会社のありのままの姿」を包み隠さず見せるようにすることが大切です。それによって会社が目指している方向性や社会的使命などが投資家に伝われば、真の共感が得られ、「この会社を応援し続けたい」と思ってもらえるかもしれません。

ＴＫＰの河野貴輝代表取締役社長も、「株主総会などで投資家から自分では気づかなかったような成長のための提案が受けられることは、非常にいい刺激になっています」と語ります。

このように、自社の経営のあり方や成長ストーリーを見つめ直すうえで有益な機会が得られることも、投資家と良好な関係を保つことのメリットだと言えそうです。

主幹事証券は IPO後も力強く支えるパートナー

◉市場区分の変更でも多くの支持をいただける理由

ここまで述べてきたように、IPO後の発行会社に対する主幹事証券会社の支援には、公募増資をはじめとする資金調達、IR活動や株主総会の運営のサポート、M&Aや事業提携のお手伝いといったさまざまなメニューがあります。

新興市場に上場した発行会社が、上場市場を変更する「市場区分の変更」も、そうしたメニューのひとつです（編者注：2022年4月の東京証券取引所における市場区分見直し前のマザーズ市場は、本則市場へのステップアップ市場と位置づけられていました。そのため、マザーズ市場から市場第一部へ市場区分を変更する場合の時価総額基準について、直接市場第一部へ新規上場する場合と比べて緩和されるなど、ステップアップしやすい制度となっていました。市場区分見直しにより、各市場区分はそれぞれ独立・並列しているものとされ、従来の市場区分間の移行に関する緩和された基準は設けないこととなりました。したがって、たとえばグロース市場からプライム市場へ市場区分の変更を希望する場合、新規上場と同様の基準による審査を受けることになります。以降の文章は、市場区分見直し前の運用をもとに記載しております)。

じつは野村證券は、多くの発行会社に市場区分の変更時の主幹事証券会社としても選ばれています。

わたしたち野村證券は、東証マザーズから本則市場へ市場区分を変更する際の主幹事を、2012年以降2022年3月までに54社務めさせていただきました。

市場区分の変更は、決して簡単なものではありません。しかし、わたしたち野村證券は、市場区分の変更についてもこれまでの豊富な経験とノウハウを生かし、必要な課題を発行会社ごとに洗い出し、優先順位をつけながら解決していくことで、より確実に市場区分を変更できる体制づくりをお手伝いすることができます。これも、長年IPO市場にかかわり続けてきたからこそと考えています。

こうした点にも着目いただき、IPO時には別の証券会社を主幹事に選定したものの、市場区分の変更時には主幹事を野村證券に変更いただける発行会社も少なくありません。

後藤は、「発行会社がIPO時の主幹事を市場区分の変更時に当社に変更されるのには、それぞれ個別に理由があると思いますが、わたしたち野村證券は、ＩＰＯ後も次の成長ステージに向けたサポートをしっかりと行なっている点が高く評価されている側面もあるのではないでしょうか」と語ります。

ちなみに現在、日本には約３８００社の上場会社がありますが、わたしたちは3分の1を超える発行会社から主幹事に指名されています。さらに、幹事に選んでいただいている発行会社の数も含めると、シェア（幹事参入率）は3分の2近くに迫ります。

また、上場会社のメインバンク（借入額の最も大きい銀行）は大手銀行となることが多いことから、必ずしもメインバンク系列の証券会社が主幹事に選ばれているわけではないことがわかります。

これは、銀行からの借り入れ（デット）と、証券の発行による資本調達（エクイティ）を同じ金融グループに依存することなく、証券については当社のような独立系証券会社に依頼することでリスク分散を図りたいという発行会社の考え方が反映されているのではないかと思われます。

◉上場後の企業価値向上のために野村ができること

では、わたしたちは、上場後の発行会社に対して、具体的にどのようなサポートを行なっているのでしょうか。一例として、上場後の発行会社に各種支援サービスを提供するCF1部の取り組みを紹介しましょう。

CF1部では、「TMT」と呼ばれる通信（テレコミュニケーション）、メディア、テクノロジー分野のお客さまを担当しています。通信は携帯電話などの通信サービス会社、メディアはテレビ局や広告代理店、インターネット企業、テクノロジーは情報システム会社などが主な担当先です。

「CF1部では、お客さま一社にひとりのバンカー（営業担当者）を専任として配置し、つねにお客さまと緊密なコミュニケーションを取りながら、ご要望にお応えしています」と語るのは、CF1部次長（取材時）の上嶋基寛です。

上嶋によると、上場後の発行会社に対するCF部の支援サービスは、大きく①事業戦略支援、②財務戦略支援のふたつに分けることができます。

「事業戦略支援とは、M&Aや事業提携など、文字どおり、お客さまの事業をさらに発展させていくために必要なコーポレートアクションを側面支援するサービスです。たとえば、国内外に広がる当社のネットワークを駆使して、お客さまが求めておられる技術やサービス・ノウハウ、顧客基盤などを持った買収先候補を探し、リストを作成してお客さまと議論します」（上嶋）

もちろん、M&Aを実現するには資金が必要ですが、そうした事業戦略を具現化するための〝おカネの工面〟を支援することも、上嶋らにとって重要な使命です。

「財務戦略支援としては、公募増資のほか、お客さまのバランスシート（貸借対照表）の状況や、株式を追加発行して1株当たりの株式価値が希薄化してしまうことは避けたいといったお客さまのニーズに応じて、社債をはじめとするデット性の資金調達をアレンジさせていただきます。エクイティにせよ、デットにせよ、ありとあらゆる資金調達のソリューションが提案できるのは、われわれ野村證券ならではの強みだと思っています」と上嶋は語ります。

また近年は、東証が実効的なコーポレート・ガバナンスの実現に向けた「コーポレート・ガバナンス・コード」を策定するなど、上場企業のガバナンス対応に向けられる目はますます厳しくなっています。

わたしたちは、そうした変化の状況もタイムリーに把握し、お客さまが投資家の方々との対話において信頼を維持し続けられるようなIR活動の仕方や、株主総会での対応などについてもアドバイスしていますが、そのために必要なメンバーをチームアップするのもCF部の重要な役割です。

「事業戦略、財務戦略、ガバナンス強化など、ありとあらゆる側面でお客さまの企業価値向上を支援していくのが、われわれの使命です。それも、ただお客さまのご要望にストレートにお応えするだけでなく、時にはお客さまのことをよくわかっている第三者の立場から、『むしろ、こうしたほうがいい』と軌道修正を促すことが、真にお客さまの将来のことを考えた支援ではないかと思っています」と上嶋は語ります。

たとえば、発行会社が事業を拡大させるために公募増資を行ないたいとおっしゃった場合でも、それによって株式の希薄化が進み、株主の不利益が大きくなる際には、市場からの大きな反発も想定され、企業のレピュテーションも損ね、株主や投資家からの信頼を失う可能性もあります。本当に公募増資を行なうべきタイミングかを考え、それ以外の資金調達手段をお奨めする場合もあります。たとえば、希薄化を抑えながら資本を増やせる劣後債などの発行を提案することもあると上嶋は言います。また、希薄化を抑えるため社債の発行によって資金を調達したいと言われた時でも、それによってバランスシートが悪化し、逆に投資家の不安を増長する恐れがある場合もあります。中長期な視点に立って企業価値向上の観点から、むしろ公募増資を提案することもあるそうです。

このように、つねに「株主や投資家や株式市場からどう見られるか、企業価値の向上に資するか」という視点を持ちながら、発行会社のご意向をしっかりと理解し、そのニーズに沿った形で、資本市場のプロとしての立場から最適な提案ができるのも、わたしたち野村證券の強みであると言えそうです。

また上嶋は、野村ならではのお客さまとの向き合い方について、「点と点ではなく、面と面のつながり」を大切にしていますと説明します。

事業戦略を策定するお客さまの経営企画部門や資金調達を担当する財務部門だけでなく、実際に事業を行なっている各部門とも幅広く接点を持ち、お客さまのビジネスを俯瞰的かつ客観的に見ることで、企業価値を高めていくうえでの課題を発見し、それを解決するための提案を行なっているのです。

「たとえば、お客さまが事業戦略の重要な柱としている事業の担当者と直接お話しすると、戦略を練っておられる経営企画部門が見えていなかった課題が浮き彫りになることもあります。そうした課題を経営企画部門にフィードバックし、事業戦略そのものの見直しまで提案させていただくことも珍しくありません」（上嶋）

このように、バンカーたちがお客さまのさまざまな部門と接点を持つ一方で、わたしどものさまざまなプロダクトの部署の担当者もお客さまを訪問し、それぞれの専門分野の立場からお客さまの企業価値を向上させるためのお手伝いをしています。

まさに「面と面とのつながり」です。

上嶋は、「上場企業の企業価値の向上をお手伝いすることは、リーディング・カンパニーとして、そのためのあらゆるソリューションが提案できる野村證券に課せられた社会的使命だと思っています。この仕事によってわれわれが利益を得たいということ以上に、お客さまのさらなる成長と、その結果としての日本経済の発展に貢献したいという思いのほうが強いのです。上場は、企業にとっての『ゴール』ではなく『新たなスタート』だと言われますが、ＩＰＯ後もお客さまの成長をしっかりとお手伝いすることで、われわれ野村證券の存在意義を保ち続けたいと思っています」と語ります。

ＩＰＯ後に大きく成長した企業のサクセスストーリー

当社がＩＰＯ後も主幹事としてサポートを継続しているお客さまのなかには、実際に大きな成長を遂げた会社も数多くあります。

そのなかから、Ｍ＆Ａキャピタルパートナーズ、じげん、第一生命保険株式会社（現・第一生命ホールディングス株式会社。以下「第一生命」）の３社のサクセスストーリーについて、詳しく見てみることにしましょう。

◉快進撃を続けるＭ＆Ａキャピタルパートナーズとじげん

Ｍ＆Ａキャピタルパートナーズは、企業のＭ＆Ａを仲介するコンサルティング会社です。２００５年10月の創業から8年後の２０１３年11月、当社を主幹事として東証マザーズに上場。２０１４年12月には東証一部に市場区分を変更しました。

創業者で代表取締役社長の中村悟氏は、工学院大学を卒業後、大手ハウスメーカーに就職。営業職として住宅のセールスを行なっているうちに、地主のお客さまから受けた相談がきっかけとなり、M&A仲介ビジネスへの関心を強めました。

当初は金融機関に就職してM&Aに携わるつもりでしたが、まったく経験がなかったことからどこにも採用されず、「それなら自分で会社を起こそう」ということで立ち上げたのが、現在のM&Aキャピタルパートナーズです。

創業当初のメンバーは、中村社長たったひとり。資本金300万円という小さな船出でしたが、東証マザーズ上場を果たした2014年9月期には、資本金2億8700万円、売上高16億6700万円、経常利益が8億800万円と急成長を遂げています。

東証一部への市場区分の変更を果たした2015年9月期には、売上高は28億4700万円、経常利益は15億2400万円と、さらに大きくなりました。その後も増収・増益基調は続いており、IPO後も着実に成長を続けていることがわかります。

成長の大きな原動力となっているのは、成約件数の増加です。

M&Aキャピタルパートナーズは事業承継型M&Aを得意としていますが、急速な高齢化の影響で、その市場は年々大きく膨らんでいます。

「経営は黒字なのに、社長が60歳以上で後継者のいない会社は、全国で15万~20万社にも上ると言われています。この数は今後ますます大きくなり、事業承継型M&Aのニーズも年を追うごとに膨らみ続けるのは間違いありません」と中村社長は語ります。

実際、同社のM&A仲介成約件数もこのトレンドに乗って、上場の前期にあたる2013年9月期の21件から、2014年9月期は35件、2015年9月期は44件、2016年9月期は58件、2017年9月期には111件と右肩上がりに増え続けています。

しかし、今日に至ってこうした快進撃が実現するとは「創業から数年間は、まったく想像できませんでした」と中村社長は振り返ります。

というのも、創業当初は会社の社会的信用力が非常に乏しく、仲介契約どころか、守秘義務契約を結んでM&Aの相手探しのために必要な資料を提供してくれる経営者はほとんどいなかったからです。「わたし自身がまったく畑違いの住宅業界から転身してM&A仲介を始めたということに、信用性のなさを感じるお客さまも少なくなかったようです。この困難を乗り越えるには、知識や経験の豊富な専門家を数多く雇い入れて、実績を上げながら信用力を高めていくしかないと思いました」（中村社長）

そこでM&Aキャピタルパートナーズは、まだ成約件数が少なく、キャッシュフローが十分に回らない時期から、優秀な専門家を高報酬で採用するという成長戦略を取りました。多額の報酬を工面するため、ベンチャーキャピタルから8000万円ほどの投資を受けたこともあります。しかし、資金はたちまち底を尽き、同社は二度にわたって破綻の危機に直面するという悪夢のような時期も経験しました。

じつは、中村社長は創業2期目のころから「なるべく早くIPOをしたい」と考えはじめていました。まとまった資金を調達すれば、専門家を雇い入れるのに十分な人件費が確保できますし、上場企業としての社会的信用力があれば、長くつなぎ止めることも可能です。もちろん、同社の顧客である会社を売りたいと考えている中小企業の経営者（売り手）や、買いたいと思っている大手企業（買い手）に対しても、上場企業としての信用力があれば、安心感を与えることができます。

そこで、主幹事証券会社を何度も変えながら上場準備を積み重ね、ようやく創業から8年後に東証マザーズ上場を果たしたのです。

上場を実現してからの同社のビジネスは、「まるで世界が変わったかのように、うまく回りはじめました」と中村社長は言います。

優秀な専門人材を多数確保できるようになったことで、コンサルティングの質の向上とともに、案件を請け負えるキャパシティも広がり、成約件数が急増するという好循環が生まれはじめたのです。

また、「社会的信用力が高まったことは、より大きなビジネスチャンスへの出合いにも結びつきました。上場する前に比べて、金額や規模の大きなM＆A案件も舞い込むようになってきました」と中村社長は言います。

たとえば、同社は、調剤薬局業界における再編型のM＆Aに関しては最大のシェアを築いていますが、こうした大手からの依頼が寄せられるのも、「上場によって、大きな案件にも対応できる受け皿が整ったと同時に、社会的信用力が高まったことで、お客さまから『安心して任せられる』と思っていただけるようになったことが大きいのではないでしょうか」と中村社長は語ります。

会社を売りたいと考えている全国の中小企業経営者に対しても、同社が株式上場を果たしたことは、非常にポジティブな印象を与えたようです。

M＆Aキャピタルパートナーズは、売り手への営業チャネルとして、セミナーやホームページなどを活用していますが、上場前に比べて、これらのチャネルを通じて売り手が同社にM＆A仲介の相談をしてくる件数は格段に増えたといいます。これも、成約件数の増加に直接的に結びついていることは間違いありません。

「M＆Aによる事業承継のニーズは着実に広がっているにもかかわらず、われわれの信用力や対応力の不足によってニーズを十分取り込めないことには、ずっと忸怩《じくじ》たる思いを抱き続けてきました。上場したおかげで、成長の妨げになっていた課題が一気に解決し、将来に向けての見晴らしもよくなりました。これからも、成長への道をどんどん突き進んでいきたいと思います」と中村社長は語ります。

具体的な成長戦略としては、今後も毎期25％ずつ専門人員を増やし、対応力のキャパを広げながら成約件数を増やしていくことを目指すそうです。

また、M＆Aキャピタルパートナーズは、２０１６年10月に国内同業大手のレコフを経営統合しました。

この経営統合のために銀行から借り入れた約35億円の資金を公募増資によって一気に返済しました。

「大規模な資金を一度に調達し、大型のM＆Aを実現できたことに、上場企業ならではのダイナミズムを実感しました。ＩＰＯのみならず、公募増資もしっかりアレンジしてくれた野村證券には本当に感謝しています」と中村社長は語ります。

M＆Aキャピタルパートナーズの成長ストーリーは、レコフとの経営統合を機に、新たな章の幕開けを迎えようとしているようです。

上場後も急成長を遂げているという点では、同じように連続増収・増益を達成している、じげんの快進撃にも目を見張るものがあります。

2013年11月に東証マザーズに上場したじげんは、上場2年度目の2015年3月期に売上高が前期比62%増の31億1600万円、当期純利益が同28%増の6億8500万円と2ケタ増収・増益を達成。その後も業績は右肩上がりで大きく伸び続けています(2017年3月時点)。

主力事業のライフメディアプラットフォーム事業が好調であることに加え、上場後、約70億円を投じて9件のM&Aを行なうなど、着実に業容を拡大してきたことも売上の大幅な増加に結びついているようです。

同社の平尾丈社長は、「上場準備において成長のための基盤を整えたことも、急速な事業の拡大につながっています」と語ります。

そもそもじげんは、リクルートが設立したベンチャーファンドと、モバイル・コンテンツ企業のドリコムが2006年6月に合弁で設立したITベンチャー企業が前身。当時、リクルートの社員であった平尾氏が25歳で社長に抜擢され、27歳の時にMBOで取得した会社です。社名を現在のじげんにしたのは、MBOの約1年前。平尾氏がまだ〝雇われ社長〟であった2009年のことでした。

「雇われの身ではあったものの、ありがたいことに、ふたつの親会社からはかなり自由な経営の裁量を与えられていました。当時、インターネットの分野で話題になっていた『Web2・0』（情報の送り手と受け手が固定化されることなく、誰もが情報の送り手にもなれるWeb社会）に対応する事業であればいいということで、それまで世の中になかったライフメディアプラットフォームという仕組みを生み出したのです」（平尾社長）

じげんがライフメディアプラットフォーム事業で提供する「EXサイト」は、『転職EX』『アルバイトEX』『中古車EX』『スモッカ』などのジャンルに分かれ、それぞれ世にあまたある転職情報サイト、アルバイト情報サイト、中古車情報サイト、賃貸物件情報サイトなどに掲載された情報がまとめて閲覧できる仕組みになっています。

ユーザーは「EXサイト」で検索するだけで、インターネット上に散らばった各ジャンルのサイトからの情報を呼び出すことができ、それぞれのサイトへの会員登録や問い合わせ、申し込みなども「EXサイト」を通じて行なえるのがセールスポイントです。

しかも、『EXサイト』上で会員情報を入力すると、情報元のサイトの会員登録フォームとシステムも連携しているので、ユーザーはサイトごとにいちいち同じ情報を入力する手間がありません。また『EXサイト』は、情報を見て各サイトにユーザーが申し込んだ場合のみ料金が発生する成果報酬型の課金システムを採用しているので、情報を提供して

くださる各サイトにとっても利用価値は高いと言えます」（平尾社長）

そうしたユニークさが評判を呼び、「ＥＸサイト」は着実にユーザーを獲得。ユニークユーザー数は上場前の２０１２年10～12月期には６００万人近くに達していました。

その後もユニークユーザー数は伸び続け、２０１７年１～3月期には１０００万人を超えています。拡大し続けるユーザーベースが、上場後も増収基調を継続する大きな支えとなっているようです。

ところで、平尾社長は先ほど、「上場準備において成長のための基盤を整えたことも、急速な事業の拡大につながっている」と語っていました。

これは、わたしたち野村證券のアドバイスを受け、事業の拡大を側面から支える財務や法務、人事・労務といったコーポレート部門の充実を図ったことを述べておられるようです。

もともと平尾社長は、コーポレート部門は利益を直接的には生み出さないことから、事業の急成長実現のためには、なるべく縮小すべきであるという考えの持ち主でした。

「システム化や自動化を推し進めれば、コーポレート部門にかかる人手や費用はなくせる。それによって浮いた経営資源をすべて事業部門に投入すれば、全社がプロフィットセンターになるという理想を抱いていたのです。いまになれば、それがいかに甘い考えだったのかということがよくわかりますが、当時は『これこそが新しい経営のあり方だ』と息巻いて、上場準備を支援してくれた野村證券の方々を困惑させてしまったようです」と平尾社長は笑いながら話してくれました。

結局、「コーポレート部門をしっかりと整えなければ、拡大し続ける事業を支えていくことはできません」というわたしたち野村證券の説得を受け入れ、平尾社長はその整備に取り組みました。こうして成長のために不可欠なコーポレート部門をしっかりと整えたことが、上場後のじげんの躍進の支えになっているのです。

また平尾社長は、上場によって社会的信用力が増し、銀行からの借り入れがしやすくなったことも、成長を促す大きな力になったといいます。

「上場後は、借り入れよりも、公募増資などのエクイティによる資金調達を優先的に考えるのが一般的だと思いますが、調達コストなどを勘案するとデットを優先したほうがいいというのがわたしの考え方でした。借り入れを増やすことによって、PL経営（損益重視）から、資産規模のメリットを生かしたBS経営（バランスシート重視）へと舵を切ったことも、成長に弾みをもたらしたのではないかと思っています」（平尾社長）

さらにじげんは、エクイティによる資金調達の新たな手法として、わたしたち野村證券を割当先とする「株価・トリプル25」というユニークな新株予約権も発行しています。

これは、同社が第1次中期経営計画で掲げた営業利益率、営業利益成長率、ROEのすべてを25％以上とする業績目標（トリプル25）を達成し、株価についても目標を上回った場合、新株を発行して資金調達ができるという仕組みの達成条件型新株予約権です。

平尾社長は、「高い株価に達してから新株が発行されるので実質的な希薄化が抑えられ、さらに業績目標を達成すれば発行できるという条件もついているので、投資家の方々にも十分に納得していただけるのではないかと思います。わたしたちがアイデアを出し、野村證券に仕組みを考えていただいたものですが、このように業績連動型の資金調達手段を採り入れたことも、当社がさらなる成長を追求し続ける起爆剤になるのではないかと期待しています」と語ります。

◉株式上場を〝新創業〟と位置づけた第一生命

2010年4月1日。日本の生命保険業界において歴史的とも言える大きな出来事がありました。業界大手の第一生命が相互会社から株式会社に組織変更し、東証一部に株式上場を果たしたのです。

午後1時、渡邉光一郎代表取締役社長（取材時は代表取締役会長）をはじめ、経営陣の方々が見守るなか、トレーディングフロアの巨大な電光スクリーンに表示された初値は16万円（単元変更前、現株価ベースでは1600円）。この瞬間、第一生命は相互会社として100年余りに及んだ歴史に幕を閉じ、上場企業に生まれ変わりました。

トレーディングフロアから鳴り響く野村證券スタッフたちの温かい拍手に包まれ、渡邉氏は「感慨無量の思いだった」と言います。しかし、ある人から「あなたは第一生命の100年の歴史のなかで、株価を背負う最初の社長になるのですね」と言われたことを思い出し、「上場はゴールではなく、次の歴史の始まりだ。第一生命は、この日から新たな会社に生まれ変わって再出発するのだ」という気持ちを新たにしたということです。

第一生命が株式会社化と株式上場を検討しはじめたのは、上場からさかのぼること10年以上前の1990年代後半のことでした。当時、欧米では大手生命保険が相次いで株式会社化を果たし、ビジネスのグローバル化に本腰を入れはじめようとしていました。

そうした動きのなか、国内生保の雄である第一生命も、「将来の成長のために、資本調達の多様性や経営の透明性、スピード感がある上場企業を目指すべきではないか、という論議が始まったのです」と渡邉氏は振り返ります。

しかしこの当時は、バブル景気が崩壊し、その影響を受けて国内生保が相次いで破綻するなど、株式を上場するのに望ましい環境とは言えず、上場計画はいったん封印されることになりました。

その後、第一生命が株式会社化と株式上場を決断したのは、２００７年のことです。決断の理由について、渡邉氏は次のように語ります。

「急速な少子・高齢化の進行とともに、いままでと同じビジネスを行なっているだけでは生き残っていけない時代が確実にやってくるという危機感が強まっていました。新たなサービスの提供やビジネスのグローバル化に本腰を入れて取り組まなければならない時期に来ていると判断したのです。折しも第一生命は、２００７年にベトナム現地法人の第一生命ベトナムを買収により設立し、グローバル化への第一歩を踏み出したばかりでした。このタイミングを好機ととらえ、一気に生まれ変わろうということで株式会社化と株式上場のプロジェクトが正式に始動したのです」

第一生命ホールディングス株式会社
渡邉光一郎
取材時・代表取締役会長

プロジェクトチームが発足したのは2007年10月。第一生命の社内で約30名、主幹事に指名された野村證券も約30名を配置するという大がかりなチームでした。

しかし、「実際に上場準備に携わったメンバーは、最終的に当社と野村證券でそれぞれ300人ずつ、合わせて600人ほどに上ったと記憶しています。つまりこれは、事実上、両社にとって全社的なプロジェクトとなりました」と渡邉氏は言います。

これほどの大規模な陣容で臨むことになったのは、第一生命の株式上場が、過去に例を見ないほどの圧倒的な規模や独自性、新規性を伴っていたからにほかなりません。

「全社一丸となって必死に取り組まなければ、とても上場など実現できない。最後の最後まで気を抜けない毎日でした」と渡邉氏が振り返るほど、非常に困難なプロジェクトだったのです。

なかでも重くのしかかったのは、株式会社化に伴って株主となる第一生命の保険契約者に、どうやってスムーズに株式を割り当てるのかという課題でした。

相互会社では、保険契約者が保険業法上の社員となり、顧客でありながら会社の意思決定にも間接的にかかわるという役割を担っています。これを株式会社化した場合、保険契約者は社員ではなくなり、会社から割り当てられた株式を受け取ることで、株主としての立場に変わるのです。2007年当時、第一生命の保険契約者は800万人以上にも上り、

1株以上の割り当て対象となる契約者だけでも306万人を超えていました。

「最終的に株式を割り当てることになったご契約者さまは約120万人となりましたが、そのなかには、株の保有・取引経験のないご契約者さまも数多く含まれます。そうした方々のために、株式をお受け取りいただくための証券口座を数十万から百万件単位で新規開設しなければならない。その膨大な作業をどう処理するのかということだけでも、気の遠くなるような思いがしました」（渡邉氏）

とはいえ、これは課題のたったひとつにすぎませんでした。じつは第一生命が上場準備を進めていた当時、株式市場では株券の電子化に向けた準備が進められていました。同社のIPOによって大量に発行される新規公開株を電子化にどう対応させるのかという難題が持ち上がり、わたしたち野村證券も全力でサポートさせていただきました。

もちろん、上場準備において解決すべき課題も多岐にわたりました。審査に至るまでのスケジュールをにらみながら、限られた時間で一つひとつの課題をクリアしていくことは、まさに気の遠くなるような作業でした。

しかも、そうした準備と並行して、新規公開株を販売するオファリングの準備もしなければなりません。1兆円規模に上るIPOですから、オファリングを成功させるためのI

R活動も、過去にあまり例がないほど大がかりなものとなりました。

渡邉氏は、「いくつもの難工事を同時に進行させ、足並みをそろえて上場日までに完了させるという難しい舵取りを迫られました。これほど難度が高く大がかりなＩＰＯプロジェクトは、野村證券にとっても初めてだったと思いますし、また野村證券でなければ対応できなかったに違いありません」と語ります。


ところが、その困難なプロジェクトの進行中に、突如、先行きを見失わせるような出来事が発生しました。２００８年９月に起きたリーマンショックです。

このショックを発端とする「１００年に一度」と言われた世界金融危機によって、国内では中堅生保１社が破綻。生保業界全体にも大きな悪影響が広がりました。「こんな時期に、本当に上場するのか」と社内外から不安の声が高まったと言います。

しかし、渡邉氏にプロジェクトを白紙にする考えはありませんでした。

「いよいよ上場が１年後に迫った２００９年４月１日、ＩＰＯプロジェクトチームの主要メンバーを集めて、予定どおり滞りなく準備を進めるための決起大会を開きました。『ＩＰＯにバラ色の道はない。あるのは、いばらの道だけだ』と奮起を促し、全員が一丸となってやり抜くことを宣言したのです。本プロジェクトを統括していた稲垣精二株式会社化

推進室長（当時）から、映画『黒部の太陽』でいくつもの破砕帯を突破してトンネルの貫通にこぎ着けたことを引き合いに、みんなで一枚岩になって、この難工事を突破して、みんなで美酒を味わおうというメッセージがあったことも印象に残っています」（渡邉氏）

こうして2010年4月1日、第一生命は相互会社から株式会社へと生まれ変わり、東証一部に株式上場を果たしました。

初値がつくのを見た渡邉氏は、「その瞬間は、素直に感動した」と振り返ります。しかしこの時、渡邉氏の眼差しは、すでに上場後のことを見据えていました。

じつは、渡邉氏は野村證券にお越しにな

る数時間前、都内のホールに第一生命の社員を集めた記念式典に出席していました。

式典の名称は「新創業記念式典～6万人の入社式～」。

つまり、第一生命は、株式上場を機にまったく新しい会社として生まれ変わり、社員のすべても“新入社員”として再出発を図ることになったのです。式典では、渡邉氏（当時は社長）から出席した社員一人ひとりに辞令が手渡され、社長による挨拶では、「新たなる創業」が高らかに宣言されました。

株式上場を新創業と位置づけた思いについて、渡邉氏は次のように語ります。

「IPOプロジェクトは、想像を絶するほど困難な取り組みでした。稲垣現社長が当時たとえたように、映画『黒部の太陽』で描かれた、黒部ダム建設のための資材トンネル建設に匹敵するほどの難工事だったと思います。しかも1本のトンネルだけでなく、膨大な証券口座の開設や上場準備、オファリングといった何本ものトンネルを同じ日に間に合わせるように完成させる工事だったのですから、それを達成したプロジェクトチームメンバーの喜びはひとしおだったでしょう。しかし、資材トンネルが完成しても、ダムができあがるのはその先です。つまり、IPOはあくまでも成長のための『通過点』であって、『ゴール』ではありません。社員一人ひとりがその思いを共有し、新たな気持ちとなって成長への道を突き進んでほしいという願いを込めたのです」

この新創業と同時に、第一生命は「いちばん、人を考える会社になる。」をビジョンとして掲げ、経営品質向上を目指す経営の枠組みを「ＤＳＲ（Dai-ichi's Social Responsibility）経営」としてスタートさせます。その取り組みの一環として、ＥＳ（従業員満足）向上プロジェクトを始動。また、「人財新創業 Speed up change together」という人財育成方針を掲げるなど、人づくりや働きやすい環境づくりの取り組みを始めています。今日のように働き方改革への意識が高まる以前から、「新しい会社に生まれ変わる」という旗印のもとで、人を育み、それによって会社も成長するというモデルを先進的に実践したのです。

その結果、「定期的に行なっているＥＳ調査の数値が向上するなど、従業員の満足度が高まり、それがＣＳ（顧客満足）の向上にも結びつくという好循環が顕著に現れました」と渡邉氏は語ります。

さらに、上場準備においてプロジェクトチームが一丸となって活動した経験は、「組織力や問題解決能力の強化にもつながっています」と渡邉氏は評価します。

「プロジェクトを通じて、役職員の意識改革が進んだことも大きな成果です。上場会社経営陣として日々、株主の皆さまからの声や目線に触れ、株価を通じて市場の評価を知ることにより、緊張感やスピード感を持って経営にかかわり、説明責任を伴った行動をしなければならないという意識が高まったのでしょう。加えて、持続的な成長を求め続ける意欲や、資本コストへの意識が高まってきたことも実感します」（渡邉氏）

そうした経営陣や社員の意識変化は、第一生命の業績を着実に押し上げています。「一般的な事業会社の売上高に当たる保有契約年換算保険料は、上場直後（2011年3月期）の約2兆円から2017年3月期には3兆6334億円まで拡大し、当期純利益に至っては191億円から2312億円へと10倍以上に伸長しています。人財力が底上げされただけでなく、成長戦略が着実に実を結んでいることも、業績の飛躍的な伸びに結びついているのだと思います」（渡邉氏）

第一生命は上場後の成長戦略の一環として、2015年に米国の生命保険会社、プロテクティブライフ社を傘下に収めています。買収総額は約5800億円に上り、そのうち約2600億円は公募増資によって賄いました。

多様で柔軟な資金調達手段の確保によって、成長に弾みをつけることが株式上場の大きな狙いのひとつでしたが、第一生命はそのメリットを最大限に生かしながら、事業のグローバル化を推し進めています。

ちなみに、プロテクティブライフ社の買収プロジェクトについては、「上場準備の経験を通じて、野村證券から学んだデューデリジェンスなどの知見がおおいに生かされました」と渡邉氏は語ります。

「プロテクティブライフ社の買収プロジェクトには、当社の株式上場プロジェクトを経験した多数の人財がコアメンバーとしてかかわりました。上場準備の過程で、事業内容や管理体制の評価、企業価値の算定方法といったさまざまなことを野村證券から学んだことが、メンバーたちを育て上げてくれたのです。上場準備は、ただ上場を果たすためだけのものではなく、人財力や組織力といった会社の底力を上げる役割も果たしてくれるのだということを、改めて実感しました」（渡邉氏）

また渡邉氏は、主幹事証券会社に野村證券を選んだ理由について、「規模の大きさや独自性、新規性など、あらゆる面において一般的なIPOよりも格段難度の高いプロジェクトだったので、野村證券以外には絶対に対応できないだろうと思いましたし、また、野村なら絶対にやり遂げてくれると確信していました。なぜなら野村證券には、たんなるビジネスの関係を越え、顧客と緊密にかかわりながら確実に課題解決に取り組む〝野村イズム〟が浸透しているからです」と語ります。

渡邉氏が〝野村イズム〟を実感したのは、第一生命が株式会社化と株式上場を内々に決断し、野村證券に主幹事を要請した日のことです。「連絡を受けたその日のうちに野村證券役員が当社の役員に挨拶に来られ、社長から社長に御礼の電話もありました。またその日のうちに、野村の担当部門から具体的な支援体制が当社の事務方にも報告されました。しかも、役員に伝えられた話と、事務方への話の間にまったく齟齬《そご》がないことに驚かされたのです。野村證券の社内でしっかりと意思疎通が図られ、ひとつになって迅速に対応しようとしているのだということを知って、頼もしさを感じずにはいられませんでした」（渡邉氏）

また、実際の上場準備においては、わたしたち野村證券のプロジェクトチームが、第一生命のプロジェクトチームと緊密にかかわりながら、〝自分事〟として懸命に支援を行なったことに感銘を受けたと渡邉氏は言います。

「プロジェクトを成功に導くためには、社内と社外にかかわらず、すべての関係者が〝同志意識〟を持って目標達成を目指すことが大切なのだということを教わりました。現在、当社は傘下に収めた海外企業のグループ化を推進していますが、野村から学んだ〝同志意識〟をグループ間で醸成していくことが、当社のグローバル化を促す大きな力のひとつになるのではないかと期待しています」（渡邉氏）

上場を「新たなスタート」とした第一生命のさらなる躍進を、わたしたち野村證券はこれからも力強くお手伝いしていきたいと考えています。

◉これからＩＰＯを目指す経営者の方々へ

ここまで、わたしたちがＩＰＯをお手伝いした企業の経営者やＣＦＯの方々などに、それぞれの企業がＩＰＯを目指した理由、上場準備における苦労話、上場後に感じたメリットとデメリット、さらなる成長に向けた上場後の取り組みなどについてうかがってきました。

最後に、これらの方々から本書の読者にお寄せいただいたメッセージを紹介して、締めくくりにしたいと思います。

「ＩＰＯを目指す理由は、経営者によってさまざま。しかし理由は何であれ、一度やると決めたからには、最後まであきらめずにやり抜いてほしいですね。何度失敗したっていい。あきらめなかった人だけが最後に勝つのです」（フリュー　三嶋隆専務取締役・取材時）

「ぜひＩＰＯにチャレンジし、調達した資金を活用して世の中をよくしていってください。ただし、ＩＰＯを成功させるにはタイミングが重要です。どこまで成長したら、ターボエンジンのアクセルを踏み込んで一段上の成長を目指すべきなのかというタイミングはしっかりと見極めましょう。また、オーナーが儲けることだけを目的とするＩＰＯは、絶対に

やるべきではありません」（ＴＫＰ 河野貴輝代表取締役社長）

「わたしは、ＩＰＯによって自分がいくら儲かるのかではなく、どれだけ会社の成長のためになるのかを考えてＩＰＯを決断しました。会社のためになるのなら、バリュエーション（評価額）はあまり気にしなくてもいいのではないかと思います。野村證券の担当者にも、『株価にかかわらず上場できることを優先したい』と話し、公募増資のみで上場しました。東証一部指定の際もまったく同じ考え方で臨みました。ＩＰＯを成功させるためには、いい主幹事や監査法人を選ぶことは本当に大切です。また、無事上場を果たしても、そこで気を抜いてはいけません。上場後は、より多くの従業員や投資家の期待を背負い、成長プレッシャーのなかで経営することになります。高い志と夢を持つ経営者には上場はあくまでも企業成長への追い風であり、通過点だと思います」（Ｍ＆Ａキャピタルパートナーズ 中村悟代表取締役社長）

「ＩＰＯは、経営目標を達成するための手段のひとつ。ＩＰＯそのものを目的にするのではなく、その実現によってどんな経営目標を達成したいのかを考えてから実行に移すべきです。ＩＰＯをすると、得られるものも多い半面、失うものも少なくありません。メリットとデメリットのバランスをよく考えて決断したほうがいいでしょう。また、ＩＰＯの準備には、それなりのコストがかかります。コストを支払ってまでやる価値があるのかどうかということはじっくり検討したほうがいいと思います。資金調達だけが目的なら、ＩＰＯよりも安上がりに済む調達手段もあるのですから」〔Ｇｕｎｏｓｙ 福島良典代表取締役最高経営責任者（ＣＥＯ）取材時〕

「上場準備に対応することは、負担感も多く大変なことだと思います。しかし、それゆえに自社が磨かれるというメリットもあるはずです。上場準備は自社の経営課題を発見し、課題解決を通じて人財を育成できる、願ってもないチャンスだと言えるのではないでしょうか。大切なのは、ＩＰＯを目的化するのではなく、経営改革や成長戦略のためのプロセスとして活用することです。ぜひ、負担を恐れずにチャレンジしていただきたいですね」（第一生命ホールディングス 渡邉光一郎代表取締役会長・取材時）

おわりに

本書を最後までお読みいただきまして、誠にありがとうございました。

初版から5年。ＩＰＯを取り巻く環境は目まぐるしく変化し、ＩＰＯという言葉は、いままでは一般の方々にもよく知られるようになりました。上場準備の実務解説や上場体験談を届ける媒体も増え、当時より格段にＩＰＯに関する情報にアクセスしやすくなったものと存じます。そのようななかでも弊社がテクニカルな実務解説本ではなく、お客さまの声を中心にＩＰＯの意義をお届けする書籍にこだわり続けるのは、リスクマネーの循環により、真に豊かな社会の創造に貢献する使命を持つ証券会社として、未上場段階とは質の異なるリスクマネーを資本市場から調達できるようになるＩＰＯに挑む企業の皆さまへ、ＩＰＯによってもたらされる変化と可能性、それに伴う責務を正しくお伝えしたいからです。

本書を通じて、より多くの方々にＩＰＯに対する理解を深めていただき、またより多くの経営者の皆さまに「ＩＰＯにチャレンジしてみたい」と思っていただけるようになるのであれば、大変幸いに存じます。

これまで文中でも申し上げておりますが、野村證券としてはより多くの魅力ある企業のＩＰＯをご支援させていただくことによって、資本市場および日本経済の活性化に貢献していきたいという志を持って、日々真摯にこの業務に取り組んでおります。本書をご一読されて、少しでも興味を持っていただけたのであれば、ぜひお気軽に野村證券にご相談ください。

2023年4月

野村證券公開引受部長
佐藤　良直

[編者]
野村證券 公開引受部
野村證券株式会社のホールセール部門（インベストメント・バンキング）に属し、全国の未上場企業に対し、経営管理体制の整備・審査対応・エクイティストーリーの検討や資本政策等に関するアドバイザリーサービスの提供、およびIPO時の株式引受を行なっている。国内最大級の陣容を有しており、東京・大阪・名古屋に拠点を構え、全国各地の企業のIPOを支援している。前身となる部署は昭和32年に創設された。昭和59年に現在の「公開引受部」となり、長きにわたり日本のIPOマーケットをリードしてきた。
民営化案件等の大型IPOから、初の赤字創薬ベンチャーのIPO、それまで世の中になかった新しいビジネスモデルのIPO等、多種多様な案件に積極的に取り組んでいる。

IPOは野村にきいてみよう。[改訂版]

2023年4月18日　第1刷発行

編　著——野村證券 公開引受部
構　成——渡辺 賢一
発行所——ダイヤモンド社
〒150-8409　東京都渋谷区神宮前6-12-17
https://www.diamond.co.jp/
電話／03･5778･7235（編集）　03･5778･7240（販売）
装丁———藤塚 尚子(合同会社ｅｔｏｋｕｍｉ)
本文デザイン—徳永 裕美
製作進行・DTP—ダイヤモンド・グラフィック社
印刷———堀内印刷所(本文)・加藤文明社(カバー)
製本———ブックアート
編集担当——久我 茂

ISBN 978-4-478-11736-1